Satyam Nadeen

Von der Zwiebel zur Perle

Ein Weckruf

INHALTSVERZEICHNIS

EINLEITUNG

Diese Aufzeichnungen erzählen die persönliche Geschichte von der Reise in einen Zustand des Erwachtseins. Eine wahre Geschichte. Eine Geschichte mit einem lustigen Ende. Sie endet nicht so, wie Sie es von einer Geschichte über ein Erwachen erwarten würden. Und genau deshalb ist sie lustig. Sie verweist auf den kosmischen Witz des existentiellen Dilemmas, in dem sich der Mensch befindet. Diese Geschichte soll Sie jedoch gerade nicht dazu ermutigen, nach dem Erwachen zu streben. Wenn Sie glauben, Sie finden hierin Anweisungen und Verbote für einen Weg zum Erwachen und darüber hinaus, dann haben Sie sich schon getäuscht. Diese ganze Geschichte soll Ihnen vielmehr klarmachen, daß es vollkommen göttlich ist, sich überhaupt nicht um das Erwachen zu kümmern und einfach sich selbst und die anderen anzunehmen; wir alle liegen mit dem, was wir tun und wie wir sind, absolut richtig.

Weshalb sollte ich also, wenn dem so ist, überhaupt ein lustiges Buch über einen Nicht-Weg, ein Nicht-Ziel, einen Weckruf schreiben? Ich bin mir darüber im klaren, daß Sie den gesamten Inhalt dieses Buches auch vollständig in der Weisheit Ihrer inneren Stimme vorfinden. Ich bin mir gleichermaßen darüber im klaren, daß viele diese merkwürdigen Schlußfolgerungen vielleicht nicht verstehen, geschweige denn ihnen zustimmen. Aber die Zeiten ändern sich, und ich beobachte, wie die Veränderungen in mir zu Veränderungen in denen führen, mit denen ich diese neuen Erkenntnisse und diese neue Erfahrung teile. Weshalb also das Ganze? Nun, ich habe die letzten Jahre in einem Hochsicherheitsgefängnis zugebracht. Ich war getrennt von meiner Familie, meinen Freunden, Bekannten und geliebten Menschen. Jetzt werden sich bald die Gefängnistore öffnen, und da will natürlich jeder wissen, wie das Leben all die Zeit hinter den dicken Mauern ausgesehen hat. Aber anstatt mich in komplizierten und langatmigen Erklärungen zu ergehen, habe ich einfach diese kurze

Geschichte aufgeschrieben, sozusagen als Willkommen-zu-Hause-Brief an alle meine Freunde da draußen, gleichgültig ob wir uns schon kennen oder noch nicht.

WARNUNG AN DIE LESERINNEN UND LESER

Dies soll Sie davor warnen, daß ein paar sehr gefährliche Kurven vor Ihnen liegen, die Sie vielleicht ins Schleudern bringen werden. Denn jede neue Information, die man liest, gelangt über die linke Seite des Gehirns, die analytische, logische, die für die Vernunft zuständige Gehirnhälfte in den Verstand. Diese Reise ist jedoch so angelegt, daß sie diesen logischen Prozeß umgeht und durch die rechte Gehirnhälfte, die intuitive, kreative Seite direkt in Ihr Wesen vordringt. Was ich Ihnen gleich schildern werde, kennen Sie bereits auf einer tiefen, unbewußten, intuitiven Ebene ähnlich einem Déjà-vu. Aber Ihr logischer Verstand wird lautstark protestieren, weil das Gesagte nicht in Ihr normales, konditioniertes Modell von dem paßt, was Sie als Leben in der dritten Dimension erfahren. Besonders wenn es um so heikle Themen wie z.B. den freien Willen geht.

Ich rate Ihnen also hiermit, jetzt den Kanal zu wechseln und das Material möglichst über die rechte Gehirnhälfte aufzunehmen. Vor allen Dingen lesen Sie nicht zu viel auf einmal. Ein oder höchstens zwei Kapitel pro Tag sind mehr als genug, wenn Sie zumindest ein wenig davon geistig verdauen wollen. Denken Sie zweitens nicht über das Gelesene nach und versuchen Sie nicht, es zu begreifen. Es paßt nicht in die linke Gehirnhälfte, also vergessen Sie's! Diese Inhalte werden normalerweise nicht allein von der Vernunft verstanden. Aber sie werden in jenen feinen Bereichen wirksam sein, die Ihnen nur Ihre tiefsten Erkenntnisse erschließen, d.h. in Ihrem intuitiven Wesenskern. Seien Sie drittens offen beim Lesen dieser Geschichte. Lassen Sie sich einfach entspannt in einen geistigen Raum sinken, in dem Sie die normale Logik, die Sie seit der Geburt durch unterschiedliche Konditionierung erworben haben, beiseite lassen. Erwägen Sie die Möglichkeit, daß diese vierdimensionale Sichtweise eine erhellende Wahrheit sein könnte, die Sie gern hören möchten.

Sie brauchen am Ende des Buches nicht zu einem bestimmten Ergebnis zu kommen. Sie brauchen auch das Gesagte nicht zu verstehen oder sich damit zu identifizieren. Es reicht, wenn Sie es so weit verstehen, daß Sie es Freunden erklären können, wenn sie Sie danach fragen. Sie müssen nicht in allem derselben Ansicht sein. Damit haben Sie Zeit, daß sich Ihr vorläufiges intellektuelles Verständnis der Worte seinen Weg ins Herz bahnen kann, damit es eines Tages wie eine Bombe der Erkenntnis in Ihrem tiefsten Innern explodiert.

Wenn Sie diesen Rat befolgen, werden sich mit der Zeit wahrscheinlich merkwürdige Empfindungen einstellen. Weil Ihr Wesen auf etwas gestoßen ist, das es in seinem Kern bereits weiß, und weil Sie sich mit Ihrem logischen Verstand nicht dagegen gewehrt haben, obwohl es gar nicht Ihrem bisherigen Erfahrungsmodell entspricht, wirkt es jetzt in Ihnen wie ein verdeckt arbeitender Privatdetektiv, der erfreuliche Entdekkungen macht. Ihre gesamte Weltsicht könnte sich soweit verändern, daß Sie schließlich das Dilemma des Menschen auf neue, vierdimensionale Weise betrachten und ganz anders darauf reagieren. Wenn Sie die Erkenntnisse im Laufe der Zeit immer tiefer aufatmen lassen, weil Sie tagtäglich mehr und mehr den Bereich des GEISTES direkt erfahren, dann sollten Sie vielleicht anfangen, diese Ideen mit sich selbst und den Menschen, die Sie lieben, zu besprechen. Bis dahin aber wirken spirituelle Intuition und Kreativität am besten im Stillen, im Nichtdenken, wenn Sie für sich allein sind.

Ich denke, folgendes läßt sich mit einiger Sicherheit behaupten: Wenn Sie das Gefühl haben, Sie suchen aufrichtig und offen nach dem wahren Selbst und können jetzt Ihren Kopf von allem bisher angesammelten Wissen – sei es spiritueller oder metaphysischer, überlieferter oder religiöser Art – freimachen, dann wird diese Geschichte in Ihnen den Samen der Freiheit pflanzen und nähren, so daß dieser schon bald mit einer neuen Sichtweise aufgehen wird. Und ebenso sicher gilt: Wenn Sie in irgendeiner Weise daran interessiert sind, Ihren gegenwärtigen Status quo aufrechtzuerhalten, ganz gleich aus welchem Grund, dann werden Ihnen die verschiedenen Schichten Ihrer bisherigen Konditionierung zu viel Widerstand entgegenbringen, so daß Sie jetzt noch nicht frei werden können.

Denken Sie also bitte daran, daß Sie gewarnt worden sind. Diese Geschichte ist gefährlich für diejenigen, die sich bei geistiger Nacktheit unwohl fühlen.

Teil 1 | DER WECKRUF

1 | DER LOTTERIEGEWINN

Haben Sie sich schon einmal gefragt, wie es wohl sein würde, wenn Sie mehrere Millionen im Lotto gewinnen? Ein solcher Gewinn würde Ihnen zumindest in einem Bereich Freiheit verschaffen: im finanziellen. Aber bei Ihren anderen Bedürfnissen wie Gesundheit, befriedigende Liebesbeziehungen, Schutz vor Gewalt, Langeweile, Einsamkeit etc. würde er Ihnen kaum etwas nützen. Doch stellen Sie sich mit mir zusammen jetzt einmal eine universelle Lotterie vor, die sofort und für alle Ewigkeit Ihre sämtlichen Bedürfnisse befriedigt. Die Wahrscheinlichkeit eines Lottogewinns von 100 Millionen Dollar bei einer staatlichen Lotterie beträgt etwa 1:200 Millionen. Die Chancen, eine universelle Lotterie zu gewinnen, lägen dann mindestens bei 1 zu mehreren Milliarden. Nur ein Glückspilz im Jahr, dem so viel zufällt – stellen Sie sich das bloß mal vor! Und dennoch handelt die Geschichte, die ich Ihnen hier erzählen will, von genau einer solchen Situation, dem rein zufälligen Gewinn dieser universellen Lotterie, und die Tatsache eben, daß Sie dieses Buch lesen, ist Ihr eigener persönlicher Teilnahmeschein. Doch bei dieser Lotterie gibt es jedes Jahr viele Millionen Gewinner, d.h. Ihre Chancen stehen viel günstiger.

Der große Gewinn, von dem ich spreche, ist ein Zustand vollkommener Erleuchtung, in dem unser wahres Wesen als GOTTHEIT als bewußt empfundene und voll gelebte Erfahrung hervortritt. Und diese vollkommene Erleuchtung zu erlangen ist überhaupt kein Problem, weil JEDER, allein aufgrund der Tatsache, daß er lebt und bewußt ist, bereits genau das ist – REINE ERLEUCHTUNG. Im Grunde genommen besteht das einzige Hindernis für die Erfahrung der eigenen Erleuchtung nur darin, daß man nicht weiß, daß man bereits vollkommen erleuchtet ist! Deshalb werde ich von jetzt an in dieser Geschichte den Begriff »Erleuchtung« nicht einmal mehr erwähnen, sondern nur noch von Ihrem Weckruf sprechen bzw. vom »Erwachen« zum Zustand dessen, was Sie in Wirklichkeit sind.

Mir gefällt die Vorstellung von der großen universellen Lotterie, weil ich seit einem Jahr so von Dankbarkeit überwältigt bin, daß ein solcher Lotteriegewinn geradezu blaß erscheinen würde verglichen mit dem, was mir jetzt nach meinem Weckruf und der damit einhergehenden Erlösung und Seligkeit gerade widerfährt.

Diese Geschichte wendet sich an diejenigen von Ihnen, die sich als »Suchende« nach dem Erwachen betrachten und immer noch darauf warten, »Findende« zu werden. Wenn Sie also mit dem Schlangengift des Suchens infiziert sein sollten, dann habe ich vielleicht ein bißchen vom dem Gegenmittel zum Finden für Sie. Ich selbst habe ein halbes Jahrhundert lang gesucht, bis es eines Tages ganz ohne Grund einfach passierte. Es lag nicht an mir, sondern es passierte vielmehr trotz meiner. Vielleicht kann die Schilderung meiner Reise als ein Stück Realität eines Menschen zu einem labenden Trunk für Sie werden. Ich meine damit nicht irgendeine Realität, von der Sie auf Ihrer bisherigen Reise gehört haben, sondern eine etwas andere. Eine, die so einfach und direkt ist, daß wir sie bei all unserem Suchen übersehen haben, auch wenn dies durchaus im göttlichen Plan so vorgesehen war. Und die große Überraschung besteht darin, daß Sie zum Erwachen wahrscheinlich nur eines brauchen: eine einfache Wahrheit intuitiv und mit dem ganzen Wesen hören; doch dazu etwas später. Als ich sie hörte, wachte ich auf. Auch der Erwachte, der sie mir durch sein Buch zukommen ließ, wachte auf, als er sie von seinem Lehrer mitgeteilt bekam. Und so geschah es mit dem Lehrer davor und so weiter.

Wenn ich Ihnen dann schließlich diese meisterlich, aber höchst einfach formulierte Wahrheit mitgeteilt habe, werden Sie in diesem Moment entweder GNADE und SCHICKSAL mit einer Gänsehaut intuitiver Erkenntnis spüren, oder Sie sagen vielleicht nur: »Das soll schon alles sein? Diese Binsenwahrheit sagt mir auch nichts Neues!« Dann werden Sie weiter ein fröhlich Suchender bleiben, anstatt sich entspannt in Ihre neue Rolle des Findenden zu begeben.

Mir ist klar, daß ich mich ziemlich weit vorwage, wenn ich behaupte, daß ich einen Weckruf erhalten habe und daß dieser ohne jegliche Anstrengung, ohne geistige Techniken zu erreichen ist. Ganz in der feinen amerikanischen Tradition des Fast food – zum sofortigen Verzehr!

Sie wären nicht einmal versucht gewesen, dieses Buch zu lesen, wenn Ihr Kopf nicht schon im Rachen des Tigers steckte. Es gibt also für Sie vor dem Erwachen kein Entrinnen mehr. Aber fangen Sie nicht gleich an, auf der Decke herumzutanzen. Denken Sie daran, daß das Erwachen durchaus ganz plötzlich vor sich gehen kann, daß aber die damit verbundenen Auswirkungen, das, was ich gern als »die Erlösung« bezeichne, sich etwas hinziehen kann. Ich würde sogar sagen, daß sich der Prozeß der Erlösung wahrscheinlich über viele, viele Jahre danach erstrecken wird.

Aus diesem Grunde wurde der Titel *Von der Zwiebel zur Perle* gewählt. Wir alle sind eine reine PERLE DES BEWUSSTSEINS, der GÖTTLICHE URGRUND, wenn Sie so wollen, dem zur Selbstverwirklichung nichts hinzugefügt werden kann. Aber im Rahmen des göttlichen Plans haben sich vom Augenblick der Geburt an Schicht über Schicht von Konditionierung um diese PERLE herumgelegt. Das »Erwachen« besteht also in der Erkenntnis, daß wir tatsächlich diese vollkommene PERLE DES BEWUSSTSEINS sind. Anschließend setzt der Prozeß der »Erlösung« ein, in dem alle feinen Konditionierungsschichten beseitigt werden, bis nur noch die PERLE in ihrer ursprünglichen Form übrigbleibt.

2 | PERSÖNLICHER HINTERGRUND

Ich wurde als ältestes von mehreren Kindern einer großen irischen Familie geboren. Schon in der zweiten Klasse war ich am »Suchen«, was sich darin ausdrückte, daß ich katholischer Priester werden wollte. Mit 12 Jahren ging ich ans Priesterseminar, absolvierte später die High School, machte ein Examen in Philosophie und studierte dann Theologie an der Catholic University of America in Washington, D.C. Als ich schließlich das Licht erblickte und die Universität verließ, war ich bereits 26 Jahre alt. Meine Einstellungen änderten sich, und so wandte ich mich dann auch ganz vom Katholizismus ab und entdeckte auf dem üblichen Weg über Hatha-Yoga[1], Meditation und Zen die östliche Tradition. Für die nächsten dreißig Jahre war ich sozusagen der typische, inspirierte »New-Age«-Anhänger. Ich ging von Guru zu Guru, angefangen bei Maharishi Mahesh Yogi über Guru Maharaji und weiter zu Shri Bhagwan Rajneesh, dem späteren Osho, bei dem ich mehrere Jahre verbrachte. Gab es eine neue Workshop-Mode, war ich auch schon da und machte begeistert mit. Esalen in Big Sur und Rajneeshpuram in Oregon wurden zu meinem zweiten Zuhause. Hier eine genaue Liste, von dem, was ich alles gemacht habe:

Psychotherapie
Rolfing
EST
Rebirthing.

Ich entdeckte mein inneres Kind
den wilden Mann in mir
meine weibliche Seite.

Währenddessen besuchte ich

Workshops
Seminare
Encounter-Gruppen
Meditationsgruppen
Retreats

Menschen mit übersinnlichen Fähigkeiten
Astrologen
Channel-Medien
Numerologen
Auraleser
Handleser
und experimentierte mit
Teeblättern
Ouija-Boards
Tarot-Karten.
Ich praktizierte
Makrobiotik
Darmreinigung
Leberreinigung
Singen von Mantras
Tragen von Malas
Knacken von Koans
Gewichttraining
Aerobic
Vegetarismus
Obstdiät
40-tägiges Wasserfasten.

Und um den Überblick zu behalten, ließ ich meine Chakras harmonisieren. Kommen Ihnen diese Dinge irgendwie bekannt vor, liebe Mitsuchende?

Neben den üblichen spirituellen und psychotherapeutischen Methoden experimentierte ich auf meiner Suche nach Horizonterweiterung auch mit all den erhältlichen psychedelischen und psychotropen Drogen. Besonders eine, MDMA oder Ecstasy, wurde 1979 eine *tour de force* für mich, und ich begab mich auf eine selbstauferlegte Mission zur Rettung der Welt durch diesen wundertätigen Stimmungsaufheller. 1988 wurde diese Substanz für die USA von der Drug Enforcement Agency für illegal erklärt. Um mich nicht von dieser Formalität abhalten zu lassen, verlagerte ich mein Operationsgebiet von den USA in andere Länder, wo es noch legal war. Aber da das Leben voller Veränderungen und Überraschungen ist, gelangte eine kleine Menge der Droge über undichte Kanäle zurück in die USA, woraufhin ich verhaftet und wegen Verabredung zu einer Straftat zu einer Haftstrafe von siebeneinhalb Jahren in einem Bundesgefängnis verurteilt wurde. Und hier wurde es dann spannend!

Die ersten zwei Jahre nach meiner Verhaftung steckte man mich in ein kleines Distriktgefängnis in Florida, wo ich auf die Urteilsverkündung wartete. Es war ein verliesartiges Gebäude ohne Fenster, ohne Klimaanlage, ohne Ventilation. (Es gab zwar Ventilatoren, aber die Motoren waren ständig kaputt.) Wir durften keine sportlichen Übungen machen oder uns im Freien bewegen. Die Durchschnittstemperatur lag das ganze Jahr über bei gut 38 Grad. Dazu kam die hohe Luftfeuchtigkeit. Bis dahin hatte mein Körperfettgehalt immer bei schlanken 10% gelegen, aber in dieser Zeit, in der man uns mit dem für die Südstaaten typischen fettgebratenen Essen fütterte, schoß es auf über 30 % herauf. Man hielt uns wie Massenvieh in Pferchen, die nur für 10 Männer ausgelegt waren, stopfte aber 32 in jede Zelle, so daß die Neuankömmlinge auf dem Fußboden schlafen mußten. Es gab für alle nur eine freistehende Toilette. Zu all dem mußte ich zu meinem Schrecken erkennen, daß ich der einzige Weiße in einer Zelle voller junger, gewalttätiger, schwarzer Bandenmitglieder war. Und diese lassen einen schon spüren, wie sehr sie die letzten 200 Jahre lang unterdrückt worden sind. Jeder dieser Jugendlichen hatte seinen eigenen Ghettoblaster. Aus jedem ertönte der Rap-Gesang eines anderen Radiosenders und das 24/7[2] und auf voller Lautstärke. Dies entpuppte sich als wildere Hölle als Dantes *Inferno* oder die *dunkle Nacht der Seele* des Johannes vom Kreuz.

Und hier saß ich nun, 54 Jahre alt, der ich ein bis dahin ruhiges, kultiviertes, angenehmes und in den letzten 28 Jahren luxuriöses Leben geführt hatte, katapultiert in eine Subkultur, in der nur der Stärkste überlebt. Die zwei Jahre, die ich dort war, gab es jede Woche mindestens eine versuchte Vergewaltigung durch eine Gang, einen Selbstmord- oder Mordversuch, die zum Teil erfolgreich waren. Zu alledem sah ich mich außerdem mit der Tatsache konfrontiert, daß die DEA meinen gesamten Besitz in vier Ländern beschlagnahmt hatte und dabei war, meine Ex-Frau Pauline zu belangen und unsere Tochter in ein Waisenhaus zu stecken. Sie hatten mir unmißverständlich klargemacht, daß es in ihrer Macht stünde, mich ohne jeglichen Straferlaß im Gefängnis zu halten. Sie dürfen mir gern glauben, daß mir durchaus der Gedanke an Selbstmord als schnellen Ausweg durch den Kopf ging. Wenn es eine nette, saubere Pille als Alternative zu einem schäbigen selbst herbeigeführten Tod gegeben hätte, hätte ich die vielleicht vorgezogen.

All dies hört sich ziemlich schrecklich an, und so war es letztlich auch, aber es gab auch einen Ausgleich. Diese absolute und totale Unterdrückung des Lebens, die ich erfahren hatte, diente dazu, meine alte Selbstidentität vollständig auszulöschen. Während ich verzweifelt damit beschäftigt war, meinen Verstand und mein physisches Leben zu bewahren, wurden in dieser dunklen Nacht der Seele alle meine alten Selbstbilder weggewischt. Diese Zeit half mir, die kläglichen Überreste meines Ego aufzuweichen, so daß sich die Stimme der inneren Weisheit ihren Weg bahnen konnte. Und damit kommen wir zur Phase des Erwachens.

3 | DER VORGANG DES ERWACHENS

Das Erwachen selbst ist ein plötzlicher und dramatischer Vorgang, aber die Ereignisse, die dahin führen, dürften in der Regel Schritt für Schritt eintreten. Manchmal sind tragische Vorkommnisse wie z.B. eine lebensbedrohende Krankheit, der Verlust der Mobilität, einer Karriere, eines geliebten Menschen oder finanzielle Schwierigkeiten hilfreich, um das rauhe Äußere all unserer Identitätsschichten aufzuweichen, so daß das innere Wissen um unser wahres Wesen zutage treten kann.

Als ich über den Vorgang des Erwachens bei anderen las, bin ich auf ein paar Gemeinsamkeiten gestoßen.

Es kommt zu einer todesähnlichen Erfahrung, bei der das Ego bzw. die persönliche Identität verlorengeht.
Es wird der Versuch aufgegeben, den gesamten Prozeß und alle Aussagen in bezug auf Gott oder spirituelle Dinge zu verstehen.
Schließlich läßt man von jeglicher Anstrengung im Hinblick auf das Erwachen ab.
Diesem folgen anfänglich Wellen der Verzückung, die später in ein Gefühl tiefen Friedens einmünden.

Die zwei Jahre, die ich in Erwartung meines Urteils in diesem »Kerker von Kalkutta« verbrachte, bildeten das letzte intensive »Suchen« auf meiner Reise. Ich hatte Zugang zu sämtlichen Büchern, Kassetten und Videos, die man mir schickte, und da ich meine Metallkoje nicht verlassen konnte, gab ich mir eine Überdosis an Metaphysik und Meditation. Gerade in dem Moment, wo ich das Distriktgefängnis verließ, um in ein Bundesgefängnis auf Terminal Island in San Pedro, Kalifornien, verlegt zu werden, trafen mich die ersten Schockwellen intuitiver Erkenntnis. Sie konzentrierten sich um eine Technik der Selbstbefragung, die ich sehr intensiv praktiziert hatte: »WER BIN ICH?« Ich erahnte, daß ich mit meinem begrenzten Geist weder Gott erkennen noch dem spirituellen Weg folgen konnte, also gab ich es einfach auf. Mit diesem Ergeben kam die erste Flutwelle der Erleichterung und Seligkeit. Ein paar Wochen später war ich auf Terminal Island gerade damit beschäftigt, mich das erstemal innerhalb von zwei Jahren wieder an den Anblick von Sonne, Mond, Sternen, Meer, Möwen, Pelikanen, Seehunden, Blumen, Bäumen und Gras zu gewöhnen, als mich die zweite Phase dieses Ergebensprozesses traf. Ich wußte nicht nur nichts über Erleuchtung, ich konnte auch nichts dafür tun! Auch auf diese Erkenntnis folgten wieder haushohe Wellen von Glückseligkeit und Erleichterung. Das Erwachen war jetzt vollständig. Danach kamen dann die Auswirkungen dieses intuitiven Erkennens in meinem alltäglichen Leben. Diesen Vorgang nenne ich inzwischen »Erlösung.«

Lassen Sie uns aber noch einen Moment bei diesem Erwachensprozeß bleiben. Um diesen individuellen Sack von Haut und Knochen für das Erwachen vorzubereiten, zerschlug der GEIST bedenkenlos jegliche Vorstellung von einer persönlichen Identität bzw. einem »Ego«, das er bis an diesen Punkt so sorgsam vorbereitet und genährt hatte.

Ich wurde nicht nur aus einem bequemen Leben voller Spaß und liebevoller Unterstützung herausgerissen und dann in diesen »Kerker von Kalkutta« gesteckt, sondern ich erlitt einen psychischen Tod, der in jeder Hinsicht so real wie der letzte Vorhang selbst war. Vom Tage meiner Verhaftung an und für mindestens die ersten zwei Monate danach fühlte ich mich wie ein wandelnder, sprechender Toter, der keine Ahnung hat, wer er ist. Ich wußte nur, daß es keine Verbindung mehr zu dem gab, was ich zuvor für »mich« gehalten hatte. Aber irgendwie spürte ich, daß diese Todeserfahrung, wie schrecklich sie auch war, mit einer schon bald stattfindenden Wiedergeburt verknüpft war. Noch besser gefiel mir der Gedanke, daß ich in einem 50-jährigen Körper wiedergeboren werden würde, anstatt noch einmal die Demütigungen des Kindseins ertragen zu müssen.

Na gut, ich geb ja zu, daß es in den Jahren davor Zeiten gegeben hat, wo ich (wahrscheinlich unter dem Einfluß von

Zauberpilzen) inspiriert ausrief: »Herr, nimm mich jetzt um jeden Preis. Ich will nach Hause! Ich werde alles tun, um zu dir zu gelangen!« Ich glaube jedoch nicht, daß der endgültige Tod des Ego jemals schmerzlos vonstatten geht oder das Ego freiwillig losgelassen wird, ganz gleichgültig was der unwissende Mund auch sagt.

Es kam mir zu der Zeit etwas merkwürdig vor, aber etwa nach einem Jahr im Distriktgefängnis überkam mich plötzlich wie aus heiterem Himmel das Interesse, die Werke von Ramana Maharshi zu lesen. Ich erinnerte mich an diesen Namen aus ferner Vergangenheit aus dem Munde von Rajneesh. Ich hatte mir gerade ein Jahr lang mehrere Hundert Bänder von gechannelten Wesen wie Ramtha, Seth, Abraham, Lazarus, Emanuel, Bartholomew (mein Lieblingswesen) und unzähligen »aufgestiegenen« Meistern wie Sananda und Ashtar angehört. Daraus können Sie ersehen, daß mein Wunsch nach Ramana zu dem Zeitpunkt recht abwegig war. Zusammen mit Ramanas Büchern schickte mir ein Freund ein Exemplar von *I Am That* von Maharaj Nisargadatta und *Wake Up and Roar* I und II von Poonjaji. Alle diese Männer stehen im wesentlichen in derselben Tradition des Advaita-Vedanta[3] oder der Nichtzweiheit und verfolgen eine ziemlich geradlinige und am Advaita orientierte Denkrichtung. Das war höchst interessant. Ich verschlang ihre Werke zu der Zeit und las sie immer wieder, weil ich darin etwas fand, was mir Zeichen gab. Aber was mich wirklich traf, war das Buch eines gewissen Ramesh Balsekar, eines Schülers von Nisargadatta, das ich zufällig ein Jahr später in die Hände bekam, nachdem ich die anderen Advaita-Leute gelesen hatte. Er sagt zwar nichts anderes als seine Freunde, aber er drückte es höchst anmutig in nur einem Satz aus, der mir mitten ins intuitive Herz ging. Seine Meister hatten mir ein paar Advaita-Kostproben gegeben, die ein Jahr brauchten, um bis in mein Herz durchzudringen, sowie Mantras in Form von Fragen wie »WER BIN ICH?« und *voilà*! Der Blitz schlug ein. In seinem ersten Kapitel sagte er nichts weiter als: »Es gibt nur BEWUSSTSEIN (die QUELLE – ALLES, WAS IST – GOTT).« WOW!!! Er sagte es, und ich konnte es tatsächlich sehen, erkennen, fühlen, wie es in mir brannte, und anfangen, es zu leben.

In der Advaita-Lehre ist Gott die QUELLE und das SUBJEKT allen BEWUSSTSEINS. Alles andere ist die Erscheinung bzw. das Objekt des SUBJEKTS. Aber in diesem Fall sind SUBJEKT und Objekt ein und dieselbe Energie.

Die Rolle des »Handelnden« kann nur dem SUBJEKT zukommen, wenn wir diese beiden Begriffe SUBJEKT und Objekt in der Welt der Zweiheit bzw. Erscheinungen erst einmal in der Vorstellung getrennt haben.

Die Rolle dessen, der »gehandelt« wird, der Marionette sozusagen, kann nur dem Objekt des Subjekts zukommen und nicht dem Subjekt weiterer Objekte.

Also Leute, darauf läuft's hinaus! Ihr habt keinen freien Willen.

Ihr trefft nicht die Wahl.

Ihr seid nicht der Handelnde.

Und es gibt da draußen auch keinen anderen Handelnden.

Es gibt nur BEWUSSTSEIN, das jeweils durch den einzelnen Körper/Geist-Organismus, unseren Sack von Haut und Knochen, handelt.

Wenn Ihnen dies erst einmal klar ist, und damit meine ich so klar wie z.B. dem Apostel Paulus, als er durch eine Art göttlichen Blitz niedergestreckt wurde und ihm die Unwissenheit seines früheren Denkens wie ein Licht aufging, dann, würde ich sagen, haben Sie Ihren Weckruf erhalten. Allein der Gedanke, daß BEWUSSTSEIN alles ist, was es gibt, und daß ich nicht der Handelnde bin, hielt mich monatelang in einem Glückseligkeitstaumel gefangen. Ich kann gut nachvollziehen, wie Buddha einfach zwei Wochen lang unter seinem Bodhi-Baum sitzen blieb, als er seinen Weckruf gehört hatte. Ramana Maharshi saß drei Jahre lang reglos auf einem Berggipfel, nachdem sein Wecker losgegangen war. Er war tatsächlich so ausgemergelt und von Insekten zerfressen, daß er kaum wieder den Berg herunterkam.

Das Erwachen selbst ist ein plötzliches Ereignis. Es mag so

aussehen, daß sich die dahin führenden Ereignisse nach und nach einstellen, aber was passiert, ist folgendes: Nehmen wir an, wir alle erklimmen Stufe um Stufe zum Erwachen. Das SCHICKSAL, die Dienerin der QUELLE, hat festgelegt, daß der und der auf der 697. Stufe erwacht. Dieser müht sich also Jahr um Jahr ab und erreicht Stufe Nummer 692, auf der er allmählich das Licht am Horizont erblickt. Aber auf Stufe 697 macht es plötzlich PENG! Da ist es, anscheinend plötzlich, obwohl es bis dahin 696 Stufen gebraucht hat, um ihn für das Erwachen aufzuweichen.

So, damit haben Sie den Zauberwecker für Ihren Weckruf:
»Es gibt nur Bewußtsein.«
»Du bist nicht der Handelnde.«

Warum drang also in der ganzen Zeit, wo ich Ramana, Nisargadatta und Poonjaji im Jahr zuvor gelesen hatte, dieses durchschlagende Wissen nicht zu mir durch? Es stand bei allen in ähnlicher Form geschrieben, nur nicht in genau denselben Worten. Ich verstand sie nur nicht, weil ich meine vorbestimmte Stufe noch nicht erreicht hatte. Aber als ich »zufällig« auf ein Buch von Ramesh stieß und seine einleitenden Worte las, da stand ich plötzlich da auf meiner symbolischen Stufe 696 mit einem Fuß in der Luft. All die vorangegangenen 54 Jahre waren nur ein Weichmachungsprozeß für diesen einen überwältigenden Augenblick gewesen. Die zwei Jahre in dieser Gefängniszelle hatten jegliches Hängen an der Ego-Identität so weit ausgelöscht, daß die QUELLE jetzt als Identität des ICH-BIN-DAS-SUBJEKT durchdringen und aufscheinen konnte.

4 | DIE ERLÖSUNG

Ich hatte aufgrund meiner vielschichtigen Konditionierung immer geglaubt, daß mit dem »Erwachen« gleichzeitig der gesamte Prozeß zu Ende sein würde. Aber die Erfahrung lehrte mich schnell, daß es jetzt erst richtig losging, daß das »Erwachen« nur den ersten Schritt im Prozeß der »Erlösung« darstellte. Wenn Sie die volle Auswirkung der Erkenntnis »Es gibt nur Bewußtsein« und »Ich bin nicht der Handelnde« erst einmal getroffen hat, dann erfahren Sie, wer Sie wirklich sind und wer nicht. Aus dieser tiefen Erkenntnis ergeben sich die Konsequenzen der neuen »PERLENSICHT«, die jedes Detail des Alltags durchdringen werden.

Diese Konsequenzen haben sich auf alle Lebensaspekte ausgewirkt, und genau das meine ich, wenn ich von »Erlösung« spreche. Erinnern Sie sich an die ursprüngliche Idee am Anfang dieses Buches, nämlich daß wir diese reine PERLE des BEWUSSTSEINS mit Zwiebelschichten der Konditionierung überdeckt haben. Wenn man die Welt der Erscheinungen durch diese Konditionierung verzerrt wahrnimmt, dann nenne ich das »Zwiebelsicht«. Nach dem Erwachen jedoch wird die Welt auf total neue Weise vom Standpunkt der PERLE des BEWUSSTSEINS, unseres wahren Wesens, aus gesehen. Man sieht aus der Erhabenheit der QUELLE heraus und nicht aus den Glaubenssätzen einer Zwiebel heraus, zu der man von Geburt an konditioniert wurde. Verstehen Sie aber bitte, daß Sie trotz der »PERLENSICHT« jetzt immer noch eine ein Leben lang aufgeschichtete Konditionierung abzutragen haben. Und dieser Teil ist kein plötzliches oder augenblickliches Geschehen. Vielleicht hatten ein paar der »großen Tiere« wie Jesus oder Krishna eine plötzliche und spontane Erlösung, aber das war dann eher eine Ausnahme im natürlichen Prozeß, der durchaus Ihr ganzes restliches Leben dauern kann.

In meinem eigenen Fall sah es etwa folgendermaßen aus: Ich gehe so vor mich hin, versunken im überwältigenden Glücksgefühl der Erkenntnis »ICH BIN DAS«, und plötzlich meint ein übelwollender Wärter oder einer meiner Mitgefangenen, ein rassistischer Fanatiker und Schläger, er müsse mich schikanieren. Zuerst – Angst, meist gefolgt von Wut, und das unvermeidliche »Oh Gott, warum ich?« All dies geschieht in den ersten paar Sekunden aufgrund der konditionierten Reaktion. Aber dann höre die klare innere Stimme der Erlösung sagen: »All das hier ist nicht, was es scheint! Dieser bedrohliche Mensch ist nicht dein Feind. Er ist genauso eine Erscheinung des BEWUSSTSEINS wie du. Und genauso wie du dir nicht aussuchen kannst, wie du handelst, kann er es auch nicht. Das gesamte Szenario, das du beobachtest und in dem du mitspielst, ist Teil des Lila[4], d.h. des 'göttlichen Spiels, an dem sich die QUELLE erfreut.'« Wenn sich solche Szenen oft genug wiederholt haben, dann weicht schließlich diese spezielle Sichtweise von jemandem als potentiellem Feind für immer. Der anfängliche, von der »Zwiebelsicht« konditionierte Reflex wird fast augenblicklich durch die »PERLENSICHT« ersetzt, und mit fortschreitender Erlösung und vertieftem Verständnis verlängert sich das Glücksgefühl und wird intensiver. Aber selbst wenn man dann denkt, man sei von allen Schichten der »Zwiebelsicht« erlöst worden, gibt es doch immer wieder eine neue, die durch einzigartige Umstände an den Tag gebracht wird, so daß man daran arbeiten muß. Sie werden staunen, wie unendlich viele beschränkte Vorstellungen wir in unserer ererbten konventionellen Weisheit vorfinden. Sie alle werden nach und nach von der »PERLENSICHT« wie Unkraut ausgerissen. Wir werden im Laufe der Geschichte noch auf einige davon eingehen.

5 | DAS GLÜCKSGEFÜHL

Erinnern Sie sich daran, als Sie noch Jungfrau waren und sich Ihre Freunde über ihre Orgasmen unterhielten? Sie konnten sich nur vorstellen, wovon sie sprachen. Aber als Sie zum erstenmal selbst einen Orgasmus erlebt hatten, gab es keinerlei Zweifel daran, ob Sie einen gehabt hatten oder nicht. Der Unterschied, ob man einen hatte oder nicht, ist einfach zu groß, als daß man es anzweifeln könnte. Nun, dasselbe gilt für das »Erwachen«. Gleichzeitig mit der »Erlösung« des Erwachens stellt sich das »Glücksgefühl« ein. Aber im Gegensatz zu einem Orgasmus, der nur ein paar Sekunden anhält, ist das Glücksgefühl fast ständig da. Wenn Sie einmal erkannt haben – »ICH BIN DAS« – sind Sie nie wieder derselbe Mensch.

Ich kann Ihnen keine akkurate Definition von diesem Glücksgefühl geben, aber ich kann es beschreiben. Die erste und vorherrschende Erfahrung des Glücksgefühls ist die überwältigende Freiheit. Das war für mich etwas ironisch, weil ich immer gehört hatte, daß das Erwachen hauptsächlich durch Verzückung gekennzeichnet sei, und hier saß ich nun in einem Hochsicherheitsgefängins mit Schießtürmen und rasierklingenscharfem Stacheldraht um mich herum und spürte nichts weiter als Freiheit. Ja, es gibt auch die Erfahrung von Glückseligkeit, aber die ist nicht so dominierend und beständig wie die totale Freiheit von Begrenzungen. Wenn man in Verzückung gerät, gebärdet man sich vorübergehend wie ein tolpatschiger Dummkopf, während einem das erfüllende Gefühl der Freiheit ein normales Leben ermöglicht.

Die sekundäre Wirkung des Glücksgefühls besteht in einem ganz ausgeprägten Gefühl tiefen Friedens. Eines Friedens, von dem es in der Bibel heißt, er übersteige jegliches Verstehen. Dieser Frieden beruht zum Teil auf der Einsicht, daß – da es nur BEWUSSTSEIN gibt – auch alles wahrhaft gut und richtig ist. Man kommt sich vor wie im freien Fall des Lebens und des menschlichen Dilemmas, aber da ist ein riesiges Sicherheitsnetz, das einen auffängt, falls sich Angst einstellt. Während ich damals in einem Meer von Leiden und inneren Konflikten schwamm und nur gelegentlich auf eine Insel der Erleichterung traf, läßt mich das Glücksgefühl jetzt in einem Ozean von Frieden leben, in dem ich nur ab und zu auf eine Insel momentaner Verkrampfung stoße. Vor meinem Erwachen spürte ich ständig trotz all der Dinge, die ich besaß – Reichtum, Gesundheit, romantische Liebe, Macht oder Erwachsenenspielzeuge – eine frei schwebende, große Angst, daß etwas ganz schrecklich schief lag, daß ich kurz vor einer Katastrophe stand und daß ich durch einen bösen Zufall auf dem falschen Planeten geboren worden war. Gleich unter diesem Gefühl eines bevorstehenden Verhängnisses wütete ein anderer Störenfried, der diese Angst schürte. Ich mußte irgendwie etwas schrecklich Wichtiges tun, aber ich wußte einfach nicht, was. Und so stürzte ich mich in einen endlosen Kampf mit meinen Waffen der Ablenkung wie Drogen, Sex und Rock'n'Roll, um das durch diese Ängste ausgelöste Unbehagen und sogar spürbare Leid wenigstens für eine Weile zu lindern.

Das Glücksgefühl verwandelte all dies in das beständige Wissen, daß nicht nur alles gut und richtig ist, sondern auch, daß es nichts zu tun gibt oder man irgendwo hingehen müsse und daß Verstehen alles ist. Eine andere Ebene des Glücksgefühls ist die süße Freude, durch die man alles durch die Augen der QUELLE als frisch und neu erfährt. Die gesamte Natur, alle anderen Menschen, alles Belebte und Unbelebte ist gleiches und reines BEWUSSTSEIN und sollte als solches angenommen und verstanden werden. Die Dinge sind, wie sie sind! Was für eine Freude! Und da Sie für keinerlei Kausalität oder Wirkung mehr verantwortlich sind, können Sie durch das Glücksgefühl alles so genießen – wie es ist! Sie brauchen nichts zu verändern, verbessern oder vernichten. Einfach sein und das, was ist, als das genießen, was es ist! Die Erfahrung ähnelt einem beständigen Freudegefühl, das alles wie ein Summen oder Raunen begleitet. Es ist nicht die taumelnde Verzückung, die einen manchmal umhaut, wenn man unter Tränen nur noch Stoßseufzer der Dankbarkeit von sich geben kann.

Ich hätte, ehrlich gesagt, Mitgefühl als wichtigsten Ausdruck des Erwachens und des Glücksgefühls erwartet. Ich hatte ja viel über Buddha und seine starke Betonung von Mitgefühl gelesen. Aber wenn ich so die Welt und das Dilemma des Menschen aus der Perspektive der QUELLE heraus sehe, dann sehe ich die Dinge einfach in ihrem Sosein, genau wie sie sein sollen – vollkommen von der inneren Weisheit des BEWUSSTSEINS belebt, gestaltet und gelenkt. Und somit ist meine Reaktion: »Ah, das Leben ist guuuuuuut! Ich sehe jetzt hinter dem augenscheinlichen Leiden eine harmonische Gleichung von Freiheit und Begrenzung, an der sich das BEWUSSTSEIN erfreut. Laut der Schöpfungsgeschichte hat Gott nach der Erschaffung der Welt gesagt: »Meine gesamte Schöpfung ist gut.« Dies ist zu meiner Definition von Liebe geworden. Die Dinge so annehmen – wie sie sind, weil es nichts anderes als BEWUSSTSEIN gibt. Sicher, es gibt auch noch Empfindsamkeit und Mitgefühl für das Leiden anderer, aber es liegt alles etwas anders, als es zu sein scheint. Durch den Erlösungsprozeß vertieft sich ganz allmählich das Verständnis, durch das das Leidensdilemma des Menschen als unergründliche WEISHEIT der QUELLE angenommen wird.

Das Glücksgefühl setzte sofort mit dem Erwachen ein und bescherte mir eine ganz neue Erfahrung. Ich nenne diese Empfindung einfach mal das »Wiedererlangen der ursprünglichen Unschuld« im Gegensatz zur »Erbsünde«, die wir alle aus der Bibel kennen. Für mich ist die Erbsünde der von der QUELLE geschaffene Zustand, der das Dilemma des Menschen erzeugt. Zu unseren körperlichen Merkmalen gehört u.a. auch ein Gehirn bzw. Intellekt, dessen Funktion als Empfänger des BEWUSSTSEINS darin besteht, Sinnesdaten zu erfassen, sofort zu analysieren und zu vergleichen, um dann ein von Polaritäten bestimmtes Urteil abzugeben: gut oder schlecht, akzeptabel oder unakzeptabel sowie angenehm oder unangenehm. Dies entspricht dem göttlichen Plan, auch wenn jedes Werturteil zu einer begrenzenden Verengung führt. Selbst wenn man etwas als »wunderbar« beurteilt, ist die Kategorie »wunderbar« nur dann möglich, wenn es auch das Gegenteil

»schrecklich« gibt. Adam und Eva verloren ihre ursprüngliche Unschuld und wurden aus dem Garten Eden vertrieben, als sie vom Baum der Erkenntnis des Guten und des Bösen aßen. Sie gerieten mit anderen Worten aus ihrem glückseligen Zustand ursprünglicher Unschuld in den Konflikt der Erbsünde, indem sie von da an jeden Gedanken bewerten mußten. Jetzt hat sich der Vorgang wieder umgekehrt, und aus der Sichtweise der QUELLE, die alles als Ausdehnung des BEWUSSTSEINS und in seinem Sosein annimmt, spielen Werturteile, Vergleiche und Meinungen keine Rolle mehr. Und man hat das Gefühl, als sei einem eine schwere Last von Kopf und Seele genommen worden. Das meine ich, wenn ich sage, ich hätte meine ursprüngliche Unschuld wiedererlangt, und sie ist wesentlicher Bestandteil des Glücksgefühls. So definiere ich Freiheit.

6 | DAS WESEN DES BEWUSSTSEINS

Die erste Phase des Erwachens bedeutete für mich den Tod von allem, was bis dahin in meinem Leben einen Sinn gehabt hatte. Danach kam das totale Aufgeben des Versuchs, jemals herauszufinden, wie der GEIST wirkt. Also hörten sämtliche Anstrengungen wie das Lesen von metaphysischen Büchern oder Hören von Kassetten auf. Ich war in meinem Nichtwissen zufrieden, weil ich jetzt von der Last befreit war, die Geheimnisse des Universums zu entschlüsseln. Aber erst ungefähr ein Jahr nachdem der Erlösungsprozeß eingesetzt hatte, fing ich an, die Funktionsweise des BEWUSSTSEINS klarer zu verstehen.

Ich hatte mich früher immer gefragt, weshalb ein allwissender, allmächtiger und allgegenwärtiger Gott, d.h. ein Gott ohne jegliche Begrenzung, ein Universum erschaffen wollte, in dem Böses, Leid und Schmerz grassieren. Ich hatte aufgrund der Konditionierung natürlich die Vorstellung von einem persönlichen Gott im Hinterkopf. Hierbei können uns die Advaita-Meister mit ihrer Auffassung zu Hilfe kommen. Sie betrachten Gott als unpersönlich – in der Erkenntnis, daß es nur BEWUSSTSEIN gibt, hat das Bild vom großen Vater mit dem weißen Bart keinen Platz. Sie sagen, in seinem unmanifesten Zustand ist das BEWUSSTSEIN als QUELLE »Satchitananda«[5]. (Sat = die ewige Wirklichkeit, chit = reines Bewußtsein, ananda = Glückseligkeit.) Die QUELLE ist völlig bewußt und glückselig, aber in diesem Ruhezustand kann sie sich nicht als SUBJEKT erkennen, außer durch ein Objekt, das in diesem Fall die gesamte manifestierte Wirklichkeit wäre. Die QUELLE hat also einen Traum, und dieser ist das Objekt ihrer Selbsterkenntnis, d.h. die Gesamtheit aller manifesten Erscheinungen. In diesem Traum sind wir, die einzelnen Körper/Geist-Organismen, nicht der *Träumer*, sondern das *Geträumte*. Und wie bei aller pulsierenden Energie läuft dieser Traum der QUELLE in einem atemähnlichen Rhythmus ab: Schöpfung beim Einatmen und Auflösung und Ruhe beim

Ausatmen. Wenn man der *Bhagavad-Gita* [6] glauben darf, dann dauert ein Einatmen und Ausatmen Gottes jeweils 311 Billionen 40 Milliarden Erdenjahre, und dieses Pulsieren setzt sich bis in alle Ewigkeit fort.

Während des Erlösungsvorgangs vertiefte sich mein Verständnis von der QUELLE im Ruhezustand und der QUELLE in der Manifestation. Im Ruhezustand ist die QUELLE der Inbegriff von Macht, Bewußtsein und Glückseligkeit in unbegrenztem Maße. Das einzige, was die QUELLE nicht besitzt, ist BEGRENZUNG! Und so entwickelte sich meine »Gleichung von Freiheit und Begrenzung«.

Wir haben alle schon mal geträumt, daß wir in großen Schwierigkeiten stecken; die Bösen sind hinter uns her, unsere Füße scheinen festzukleben, und wir können nicht einmal um Hilfe rufen. Wenn wir zufällig eine Waffe dabei haben, dann versagt diese und die Kugeln rollen einfach aus dem Lauf. Wir wachen zitternd auf, in Schweiß gebadet, und stellen erleichtert fest, daß es nur ein Alptraum war und das Leben nicht wirklich so begrenzt ist. Ganz ähnlich verhält es sich mit der QUELLE. Auch sie träumt, daß sie durch das Universum der Erscheinungen begrenzt ist, und diese Illusion wird durch die individuellen Körper/Geist-Organismen personifiziert.

Dieser Traum ist für die QUELLE genauso real wie unsere Träume für uns. Der Traum der QUELLE beinhaltet alle denkbaren Arten von Begrenzung: Krieg, Hungersnot, Pest, Kindesmißbrauch, Schmerz, Leid, Umweltverschmutzung, Tod und so weiter und so weiter. Wenn der einzelne Körper/Geist-Organismus stirbt und in den grundlegenden Seinszustand zurückkehrt, hört der individuelle Traum auf, und die QUELLE fühlt: »Ah! Diese ganze Begrenzung ist ja nicht real! Ich bin in jeder Hinsicht unendlich!« Und so setzt sich das Drama der QUELLE, die sich an Träumen der Begrenzungen vergnügt, bis zum nächsten Ausatmen fort. Dann ruht sie wieder in absoluter Stille, bis sie den nächsten Atemzug tut.

Haben Sie, wenn Sie einen Traum voller Gewalt hatten, den anderen tatsächlich getötet? Hat man Ihnen wirklich das Messer durchs Herz gestoßen? Im Traum würden Sie sagen:

»Natürlich.« Aber nach dem Aufwachen wissen Sie, daß dies nur eine Illusion innerhalb des Traums war und daß niemand gestorben ist oder verletzt wurde. Dasselbe gilt für den Traum der QUELLE. Aber mit einem großen Unterschied! Damit unser Lebenstraum bei Tage nicht aus den Bahnen gerät und so unerträglich wird, wie es unsere Träume im Schlafen zu Zeiten sind, hat die QUELLE ein Sicherheitsventil eingebaut und so sichergestellt, daß unser Lebenstraum amüsant bleibt. Ich bezeichne dieses Sicherheitsventil als »Gleichung von Freiheit und Begrenzung«. Sie besagt folgendes: Für jede Form einer Begrenzung oder Verengung, die man in einer Situation erfährt, gibt es einen Ausgleich in Form von Freiheit bzw. Ausdehnung. Dieses Gleichgewicht von Freiheit und Begrenzung gilt nicht nur für das Leben jedes einzelnen, sondern auch für jede Situation in diesem Leben und für jedes Ereignis im gesamten Universum. Es ist mit anderen Worten niemals mehr, als man insgesamt ertragen kann, denn außer dem Faktor des Ausgleichs von Freiheit und Begrenzung gibt es immer noch den endgültigen Ausgang aus diesem Traum zurück zur QUELLE, d.h. den Tod als letztes Sicherheitsnetz.

Als persönliches Beispiel hierfür fällt mir sofort die Begrenzung ein, die das Eingesperrtsein unter repressiven und unmenschlichen Bedingungen darstellt und die dadurch ausgeglichen wird, daß man innerhalb des Gefängnisses Alleinsein und relative Verantwortungslosigkeit erfahren und die innere Welt des GEISTES erforschen kann. Ein Beispiel auf nationaler Ebene wäre die Begrenzung des Krieges, die durch eine Freiheit ausgeglichen wird, die sich darin äußert, daß alle ihre Vorurteile fallen lassen und mit vereinten Kräften gegen einen gemeinsamen Feind kämpfen. Jede Krise, sei sie groß oder klein, verändert die Lebensperspektive.

So gibt es also für den einzelnen Körper/Geist-Organismus, der auf dem Planeten Erde existiert, keinen anderen Sinn bzw. kein anderes Ziel, als ein Ausdrucksmittel für die QUELLE zu sein, durch das sie sich vergnügt und als Begrenzung in diesem Lila, in dieser göttlichen Komödie des Lebens erfährt. Aufgrund der Gleichung von Freiheit und Begrenzung in unserem Dasein wird jedes mögliche Ereignis im Leben auf einen gemeinsamen Nenner reduziert und zwar: JEDE SITUATION IST GLEICH, ES KOMMT AUF LANGE SICHT ALSO NICHT DARAUF AN, WAS DABEI HERAUSKOMMT!!!

Es gehört zum Lila, daß wir im Leben immer wieder vor fürchterlichen Entscheidungen stehen:

Heirate ich diese/n oder jene/n?

Werde ich Arzt oder Pilot?

Setze ich meinem Leben ein Ende, wenn ich eine tödliche Krankheit bekomme, oder leide ich bis zum Schluß?

Lasse ich abtreiben, oder behalte ich das Kind?

Die Gleichung von Freiheit und Begrenzung gibt uns die Sicherheit, daß jede Entscheidung, die die QUELLE trifft (wir wählen nicht, wir glauben das bloß), in einem gleichen Maß von Freiheit und Begrenzung resultiert. Ob wir an einer Weggabelung nach links, rechts oder geradeaus gehen, spielt keine Rolle, weil das Endergebnis dasselbe ist, sowohl für uns als Menschen als auch für die QUELLE, die die Entscheidung ja getroffen hat und mit dem einen oder anderen Resultat gleichermaßen zufrieden ist. Am Ende ist das Leben eines jeden Menschen gleich, nicht besser oder schlechter als ein anderes, auch wenn die Erscheinungen etwas anderes vortäuschen. Denken Sie immer daran, das Gott niemanden bevorzugt und niemand gegenüber jemand anderem im Vor- oder Nachteil ist, weil ja alles zur QUELLE gehört.

7 | DIE ROLLE DER EGO-PERSÖNLICHKEIT

Wenn sich die QUELLE vom unmanifesten Ruhezustand aus ausdehnt, um die manifeste Welt der Erscheinungen zu erschaffen, dann stattet sie das Geschöpf namens Mensch mit einer Besonerheit aus, die ihn von allen anderen unterscheidet – mit einem Verstand. Dieser Verstand dient vornehmlich als Empfänger von Gedanken, die vom SUBJEKT, der QUELLE, ausgehen und zum Objekt, dem Menschen, gelangen. Das Gehirn ist kein Sender und kann als Funktion der Ego-Persönlichkeit keine eigenen Gedanken haben; es kann nur von der QUELLE empfangen. Eine weitere einzigartige Funktion des Gehirns besteht darin, den empfangenen Gedanken gleich in ein System eingebauter Polarität zu integrieren. Jemand geht zum Beispiel durch die Tür nach draußen und spürt die Temperatur. Diese wird dann mit früher erfahrenen Temperaturen verglichen und als heiß eingestuft. Vielleicht erfolgt noch eine weitere Beurteilung als zu heiß sowie die kritische Analyse der Folgen einer Fahrt zur Arbeit im nicht-klimatisierten Auto. Weil das Gehirn von der GÖTTLICHEN ABSICHT so eingerichtet wurde, leben wir in einer Welt ständiger Dualität, die alles anhand verschiedener Grade von Polarität beurteilt: gut gegenüber schlecht, richtig gegenüber falsch, warm gegenüber kalt, oben gegenüber unten. Diese Funktion, alle Gedanken und Empfindungen zu bewerten und zu beurteilen, konditioniert im Körper/Geist-Organismus des einzelnen den falschen Glauben, daß er/sie das Subjekt sei und alle anderen die Objekte seiner/ihrer Gedanken. Dies führt auch dazu, daß sich der einzelne getrennt fühlt und zwar sowohl von allen anderen im Universum als auch von der QUELLE, deren Essenz und Ausdruck er in vollem Maße ist. Aber die QUELLE hat mit ihrem unendlichen Verstand den Verstand des Menschen so angelegt, um damit eben genau das Spielfeld der Begrenzung zu erschaffen, nach dem sie sich mit einem solch unstillbaren Durst sehnt. Und jeder einzelne Körper/Geist-Organismus besitzt eine einzigartige Persönlichkeit, die wir als Ego bzw. kleines »Ich« bezeichnen (im Gegensatz zum großen ICH der QUELLE), was bedeutet, daß die QUELLE in jedem Augenblick mindestens sechs Milliarden verschiedene Arten von Begrenzung erfährt, und das allein auf der Erde.

Ohne die automatische Reaktion auf einen Gedanken in Form eines Werturteils, meist eines negativen, das dann die Verengung der Begrenzung hervorruft, gäbe es hier kein GÖTTLICHES SPIEL oder Lila. Stellen Sie sich eine Welt ohne Bewertungen, Vergleiche, Meinungen und Vorlieben vor! Jeder in vollkommener Übereinstimmung mit dem BEWUSSTSEIN als der QUELLE und im Gefühl des EINSSEINS und nicht der Trennung. Kein Drama, keine Konflikte, keine Story, die einem die Illusion vermittelt, all dies sei real und kein Traum. Keine Egos, die um Vorherrschaft oder Anerkennung oder Rache kämpfen. Keine Dualität mehr, weil die Gegensätze als miteinander verbundene Enden betrachtet werden, die sich in der Mitte treffen und gegenseitig aufheben. Mit anderen Worten eine Welt, in der sich alle Menschen als PERLEN reinen BEWUSSTSEINS begreifen und fühlen und nicht mehr mit dem Blick der Zwiebel und ihrer vielschichtigen Konditionierung sehen. Wir sprechen hier über das totale Erwachen zum ursprünglichen Zustand der Erleuchtung und eine Welt ohne Begrenzungen, in der es nur noch Freiheit gibt. Was stimmt an diesem Bild nicht? Ja, genau! Dies ist das Bild von der QUELLE in ihrem Ruhezustand unendlicher Freiheit, bloß jetzt übertragen auf eine perfekte Welt der Erscheinungen in der Schöpfung. Vergessen Sie nicht, daß der einzige Zweck der QUELLE im Ruhezustand darin bestand, durch die Erschaffung der Welt der Erscheinungen ihren ungeheuren Durst nach Begrenzung zu stillen. Freiheit ist nur Seite an Seite mit Begrenzung möglich, so daß der Ausgleich gewahrt bleibt und die ganze Erfahrung nicht außer Kontrolle gerät.

Deshalb haben wir seit Urzeiten spirituelle und psychologische Lehrer, die ihre Studenten dazu anhalten, sich vom Ego als dem Feind der Erleuchtung freizumachen. In einem gewissen Sinne haben sie recht, aber … man kann sich vom Ego nicht durch bewußte Anstrengung freimachen! Wenn man das Ego mit dem Ego bekämpft, stärkt man es nur. Und wenn das Ego durch die QUELLE als Folge von GNADE und SCHICKSAL ausgelöscht wird, dann ist die QUELLE um eine Erfahrung der Begrenzung ärmer geworden, denn ohne das Ego gibt es nur EINSSEIN ohne Getrenntheit, und das bedeutet ausschließlich Freiheit – ohne jegliche Begrenzung.

Weshalb sollte also die QUELLE einigen Körper/Geist-Organismen gestatten, völlig zu erwachen und ihre Reise der Begrenztheit zu beenden? Wegen der vollkommenen Gleichung von Freiheit und Begrenzung für den gesamten Planeten, von der wir bisher gesprochen haben. Die QUELLE hält die Kurve der Gleichung von Freiheit und Begrenzung in der Waage: ein paar vollkommen unwissende Seelen an dem einen, ein paar erwachte Seelen am anderen Ende und die meisten der restlichen Spieler irgendwo im Mittelfeld. Dies dürfte ein ziemlicher Schock für die New-Age-Anhänger sein, die glauben, der ganze Planet würde sich schon bald zu höherem Bewußtsein erheben, was sich dergestalt äußert, daß die Menschen zu Lichtkörpern in der fünften Dimension werden. Das glaube ich nicht! Wie würde sich das plötzliche Erwachen des gesamten Planeten auf die allgemeine Gleichung von Freiheit und Begrenzung auswirken? Und selbst wenn sich die QUELLE für einen total erwachten Planeten entscheiden sollte, dann müßte sich die Veränderung in Richtung auf Begrenzung auf irgendeinen anderen Planeten der Negativität und des Schattens verlagern, damit das Universum im Gleichgewicht bleibt. In der überlieferten Weltgeschichte gehörten zum *Modus operandi* des Planeten Erde schon immer Kriege, Hungersnöte, Seuchen und die Unmenschlichkeit des Menschen gegenüber seinesgleichen als Mittel der Begrenzung.

Technisch haben wir uns durchaus entwickelt, aber spirituell hat keine bemerkenswerte Evolution stattgefunden, wenn wir als Kriterium dafür die Erkenntnis ansehen, daß der Mensch nicht der Handelnde ist und daß nichts durch absichtliches Tun zustande kommt. Wir brauchen nur die Berichterstattung in den Medien zu verfolgen, um zu wissen, daß dieses 20. Jahrhundert das blutigste von allen bisher ist. Allein im zweiten Weltkrieg wurden mehr als 50 Millionen Menschen dahingeschlachtet. Kaum finden wir das Heilmittel für die eine Krankheit, da taucht auch schon eine noch unheilbarere auf. Es gibt bei uns jetzt genügend Lebendfutter für die schnellschießenden Kanonen der Begrenzung.

Dennoch hat die Ego-Persönlichkeit zusammen mit der GNADE und dem SCHICKSAL eine ausgleichende Funktion beim Verständnis und der Integration dessen, was wir hier in dieser Geschichte besprechen. Wir haben einerseits das Dilemma des Menschen, das ganz und gar von diesem Phänomen namens Ego-Persönlichkeit verursacht und immer weiter gestärkt wird, und andererseits haben wir die GNADE, die jetzt die von der Ego-Persönlichkeit von Geburt an aufgebauten Schichten der Konditionierung auflöst und zwar einfach aufgrund der Tatsache, daß wir uns mit diesen Dingen auseinandersetzen.

Jegliches geisteswissenschaftliche, naturwissenschaftliche, religiöse, spirituelle oder metaphysische Wissen, das Sie jemals erworben haben, hat bis zu diesem Punkt zur Stärkung Ihrer Ego-Persönlichkeit beigetragen. Und weshalb verhält es sich so? Weil der größte Teil der konventionellen Weisheit heute auf der Welt die Trennung von Gott und Mensch, Mensch und Mensch und von Mensch und dem Rest der Schöpfung postuliert. Sie betont, daß wir die Handelnden und für uns selbst sowie die Menschen, die wir lieben, und den Planeten verantwortlich sind. Diese geistige Haltung hat das Dilemma des Menschen verursacht und fortbestehen lassen, und als Konsequenz davon stecken wir mitten drin.

Und da kommt jetzt ein Verrückter daher, der offensichtlich zu lange Zeit mit so schrägen Typen wie denen in dem Film *Einer flog über das Kuckucksnest* verbracht hat. Er behauptet, aus diesem verrückten Traum des menschlichen Dilemmas erwacht zu sein. Er gründet seine Erfahrung der totalen Freiheit auf die Erkenntnis, daß er nicht diese Ego-Persönlichkeit ist, die eine begrenzte Zeit lang in einem Sack von Haut und

Knochen wohnt. Er behauptet darüber hinaus, daß die QUELLE das einzige ist, was existiert. Punkt! Das bedeutet, daß das, was wir als Ego-Teil der Persönlichkeit bezeichnen, in Wirklichkeit nur eine Illusion ist, die von der QUELLE im Rahmen des GÖTTLICHEN LILA geträumt wird.

Wie, glauben Sie also, wird die Ego-Persönlichkeit des einzelnen auf die Herausforderung reagieren, daß sie zu etwas verdampfen soll, das sie nur noch auf ein traumartiges, illusionäres Requisit im Spiel der QUELLE reduziert? Ja, Sie haben recht, sie wird natürlich um ihr Überleben kämpfen und mit allem zurückschlagen, was sie am Leben und in der Abspaltung erhält: Angst, Abscheu, Skepsis, Zweifel, Distanziertheit, Ungläubigkeit, Schrecken.

Und bedenken Sie, daß dies der natürlichen, von der QUELLE vorgesehenen Funktionsweise entspricht, damit diese Maya[7] und dieses Lila am Leben erhalten werden. An diese Aussagen zu glauben und sie zu verstehen würde den Tod und das Verschwinden des Ego bedeuten. Aber das dürfte dem Kern Ihrer sämtlichen Lebenserfahrung gegen den Strich gehen. Deshalb verblüffen meines Erachtens traumatische Ereignisse meist die starre Struktur des Ego und löschen sie aus, zumindest so lange, daß die logische Seite des Verstandes außer Kraft gesetzt wird und sich die intuitive, kreative Seite gegenüber der GNADE und den anderen möglichen Realitäten, die wir im Bereich des GEISTES noch nicht erfahren haben, öffnen kann. Das geschieht bisweilen, selbst auf einem guten psychedelischen Trip. Aber ein solcher Trip kann das Ego nicht nachhaltig verändern und Spuren in ihm hinterlassen. Er ist wie eine Tür, die nur einen kurzen Ausblick auf die Freiheit gewährt und sich dann sofort wieder schließt.

Was wir brauchen, um ein ganzes Leben von Konditionierung und Ego-Persönlichkeit zu überwinden, ist die GNADE, die uns an den Punkt bringt, wo wir einfach sämtliches konventionelle Wissen mit seinen spezifischen Antworten auf die Probleme unseres menschlichen Dilemmas aufgeben. Wir brauchen die GNADE, durch die sich die Macht des einzelnen

»Handelnden« dem Verständnis ergibt, daß die QUELLE die einzige Bewegung in der gesetzmäßigen Entfaltung des manifesten Schicksals darstellt.

Fühlen Sie sich jetzt bitte nicht wie der einsame Ranger, falls Sie dies alles ein wenig überfordert und verwirrt. Die Ego-Persönlichkeit legt sich normalerweise nicht einfach hin und stirbt beim friedlichen Lesen einer kleinen Geschichte. Lesen Sie vielmehr in dem Bewußtsein weiter, daß ein Same eingepflanzt wurde, den die GNADE wässern kann und wird, da Sie ja bereits bis zu dieser Stelle in unserer Erzählung von Wahnsinn und totaler Freiheit vorgedrungen sind.

Teil 2 | VERTRAUTE VORSTELLUNGEN UND KONZEPTE

8 | FREIER WILLE KONTRA VORBESTIMMUNG

Das größte Hindernis für diejenigen von Ihnen, die mit dem Kopf im Rachen des Tigers des Erwachens herumlaufen, ist wahrscheinlich das Durchbrechen der dicken, fetten, saftigen Konditionierungsschicht in bezug auf den freien Willen und die aktive Lebensbewältigung. Natürlich haben Sie das Gefühl, mit einem freien Willen geboren zu sein. Alles, was Sie über das New-Age-Bewußtsein gelernt haben, besagt, daß Sie für Ihre Gedanken und Handlungen verantwortlich sind, daß Gedanken die Wirklichkeit erschaffen und daß die Energie dem Denken folgt. Daß Sie die Verantwortung für Ihr Leben übernehmen und es auf allen Ebenen verbessern sollten: auf der spirituellen, emotionalen, körperlichen, intellektuellen, kulturellen, sexuellen, künstlerischen Ebene und so weiter. Denken Sie daran, daß die QUELLE den Traum, in dem wir leben, mit unendlicher Intelligenz und Weisheit so real erscheinen läßt und daß es schwer ist, sich mit unseren Illusionen über den freien Willen anzulegen. Und selbst das liegt im göttlichen Plan! Gerade die bewußten Anstrengungen des Ego, mit denen Sie Ihre Lebensbedingungen verbessern, verändern und in Ordnung bringen wollen, erhalten die Begrenzungen aufrecht und am Leben.

Eines in bezug auf den freien Willen ist uns allerdings gestattet: die Freiheit zu glauben, daß man einen freien Willen hätte. Aber das ändert nichts an der tatsächlichen Wahrheit, daß Sie einfach nicht der *Handelnde* sind. Sie werden in jedem Augenblick von der QUELLE *gehandelt*. Sie existieren, außer in Ihrer Phantasie, nicht getrennt von der QUELLE. Es gibt kein Sie als »Ego«. Es gibt nur BEWUSSTSEIN als »ICH BIN« in der Erscheinung und »ICH-ICH« im Ruhezustand. Ihre Anstrengungen, das Leben vom dem, wie es in seinem Sosein ist, zu etwas anderem zu verändern, sind nutzlos. Sie folgen dem Pfad des Schicksals, der bereits im Augenblick Ihrer Empfängnis vorgezeichnet war. Wenn Sie im Leben ein angestrebtes Ziel erreichen, dann ist das Zufall, weil der Plan bereits von GNADE und SCHICKSAL ausgearbeitet wurde. Das geschah nicht durch Ihre Anstrengungen, sondern trotz Ihrer Anstrengungen. Die QUELLE hält Sie sehr geschickt darüber im unklaren, wer die Macht hat. Wenn Sie einmal erwacht sind und Sie zutiefst wissen, daß es nur BEWUSSTSEIN gibt und Sie als »Ego« nicht der Handelnde sind, dann bleibt Ihnen nur noch ein Weg offen, der des Nichthandelns: Sie entspannen sich, d.h. Sie sind einfach nur noch – tun nichts – Verstehen ist alles!

Wenn sich diese Erkenntnis vertieft hat und Bestandteil Ihrer PERLENSICHT geworden ist, entfaltet sich die Erlösung, indem Sie die Dinge des Lebens so annehmen, wie sie sind.

9 | DIE DINGE SIND – WIE SIE SIND

Dies ist das Schlagwort des erwachten Bewußtseins. Alles, was die QUELLE in der Welt der Erscheinungen geschaffen hat, ist vom Blickwinkel des BEWUSSTSEINS aus gesehen vollkommen, so wie es ist. In jedem Quark all der unzähligen Partikel, die das Universum bilden, stecken Absicht und unendliche Intelligenz. Die Maya oder Illusion, die der menschlichen Fähigkeit zu denken entspringt, besteht darin, daß der Mensch aus seiner begrenzten Sicht den Plan oder Sinn in den einzelnen Ereignissen nicht sehen kann. Wenn Objekte auf die Sinne treffen oder Gedanken vom Gehirn empfangen werden, bildet sich ein Werturteil, das sich auf den Vergleich von deren guten und schlechten Aspekten stützt. Diese Dualität existiert in der Sicht der QUELLE nicht, weil alles ihrem Plan dient. Wir glauben an die Möglichkeit, daß Ereignisse geschaffen werden, um dem einzelnen den Weg zu erleichtern. Aber es ist genau umgekehrt. Die einzelnen Menschen werden geschaffen, um ein Ereignis der Absicht des BEWUSSTSEINS entsprechend stattfinden zu lassen. Eines der Nebenprodukte des erwachten Zustands ist die Sichtweise, in der man jedes Ereignis einfach als Ausdehnung des BEWUSSTSEINS erfährt und die Dinge – so wie sie sind – annimmt. Keine Beurteilung, kein Vergleich, keine Meinung darüber und keine Vorliebe dafür, wie etwas sein sollte.

Wenn ich im Laufe meiner Erlösung einen kritischen Gedanken vorbeiziehen sehe oder auf eine gespannte Situation treffe, höre ich, wie die innere Stimme der Erlösung »Namaste« flüstert. Dies ist ein altes Sanskrit-Wort, das übersetzt etwa heißt: »Das Göttliche in mir erkennt und grüßt das Göttliche in dir.«[8] Was kurz zuvor noch Zwiebelsicht war, verändert sich jetzt sofort in PERLENSICHT, und mein Inneres nimmt die Ursache der Begrenzung an, um zu entspannen und das, was sein soll, so sein zu lassen. Es ist jetzt nicht mehr nötig, die Situation zu verbessern oder abzuwenden oder sie näher heranzuholen. Mein Wesenskern fühlt sich einfach wie ein stiller Zeuge im Bewußtsein der Wahlunmöglichkeit.

Da wir nicht die Handelnden sind und absichtliche Anstrengungen in der realen Welt der Illusion keinen Platz haben, kann dieser Vorgang des Zulassens, Akzeptierens der Dinge in ihrem Sosein nicht als Weg praktiziert oder als Ziel angestrebt werden. Ein Ereignis findet entweder aufgrund der GNADE als Erfahrung von Freiheit statt, oder im gegenteiligen Fall tut die QUELLE so, als würde sie wieder Begrenzung spüren durch ihre Ausdehnung – nämlich durch Sie! Je mehr sich das Verständnis der PERLENSICHT vertieft, desto normaler wird die Erfahrung der Dinge, wie sie sind, ohne daß die Stimme der Erlösung einen tausendmal am Tag unterbrechen und erinnern muß. Das Wiederholen eines Mantras als bewußte Brücke zum GEIST kann wirkungslos sein, aber wenn es durch die GNADE geschieht, ist es sehr effektiv. Die Dinge sind – wie sie sind. Namaste!

10 | KARMA UND WIEDERGEBURT

Diese beiden Theorien sind Lieblingsthemen der östlichen Mystik und der New-Age-Weltanschauung. Sie basieren auf der Vorstellung, daß der Mensch von der QUELLE getrennt ist, ein unabhängiges Sein besitzt, seinen freien Willen bzw. seine Wahlfähigkeit einsetzt, um zu sündigen oder Gutes zu tun, und infolgedessen wird er hier auf Erden oder im nächsten Leben bestraft oder belohnt. Typisch Zwiebelsicht bzw. Konditionierung, die die Religionen, die Heilige Schrift und die Propheten seit Jahrtausenden genährt haben.

Kommen wir noch einmal zu den Grundlagen der PERLENSICHT zurück. Der Mensch denkt und handelt nur nach dem Plan bzw. der Absicht der QUELLE. Die QUELLE ist das Subjekt; der Mensch und alles andere sind die Objekte. Auch wenn Subjekt und Objekt eins sind, handeln die Objekte doch nicht unabhängig vom Subjekt. Somit wird die ganze Vorstellung, daß der Mensch Gutes oder Böses eigenständig und unabhängig von der QUELLE bewirken könnte oder daß Gut und Böse überhaupt real sind, im Lichte des BEWUSSTSEINS völlig zunichte. Und noch unrealistischer ist es zu glauben, daß der Mensch von seinem Gott für eine Handlung bestraft oder belohnt wird, zu der er sich ohnehin nicht aus freiem Willen entschlossen hat.

Um nun noch weiter in der Illusion zu versinken, führen wir die Idee ein, daß dieses eine Leben nicht für alle Bestrafungen und Belohnungen für unsere Handlungen ausreicht, und so machen wir zum weiteren Ausgleich daraus eine Kette von unzähligen zukünftigen oder vergangenen Leben. Der Mensch ist tatsächlich so sehr konditioniert in seinem Glauben an sich als separates Selbst, und er haßt die Vorstellung vom Tod so sehr, daß die Wiedergeburt ihm das perfekte Szenario für die Unsterblichkeit des getrennten Selbst – des Ego – liefert.

Die Vorstellung vom Karma[9] erleichtert in praktischer Weise unsere große Befürchtung, daß die Menschen, die den Guten etwas Böses antun, am Ende nicht ihren »gerechten

Nachtisch« bekommen könnten. Deshalb ist der Spruch so beliebt: »Alles kommt wieder auf einen zurück.« Selbst wenn das noch nicht in diesem Leben geschieht, denn den Bösen geht es ja oft sehr gut, dann werden sie die Früchte davon zumindest im nächsten ernten.

Karma und Wiedergeburt sind Begriffe, mit der die QUELLE uns gezielt und geschickt fehlinformiert, um den Bereich der Begrenzungen aufrechtzuerhalten. Sie speisen die größte Quelle der Begrenzung – unsere Vorstellung von der Existenz eines separaten Selbst. Wenn der Mensch erst einmal so konditioniert ist, daß er sich unabhängig fühlt, unterliegt er dem Grunddilemma, daß er in Wirklichkeit machtlos ist und nie weiß, weshalb oder wann etwas geschieht, ganz zu schweigen von den beständigen Veränderungen. All diese Faktoren bewirken die kontinuierliche und ununterbrochene Begrenzung – also das, wonach die QUELLE seit eh und je strebt.

Die PERLENSICHT besagt also, es gibt kein Karma oder persönliches Selbst, das man tadeln oder loben oder das wiedergeboren werden könnte. Tut mir leid!

11 | DIE KRAFT DES POSITIVEN DENKENS

Dies ist eine Vorstellung innerhalb der Zwiebelsicht, die bei den New-Age-Anhängern der letzten Generation äußerst beliebt geworden ist. Wir alle haben genug Bücher gelesen und genug Seminare besucht, um zu wissen, wie wir dem Leben das abgewinnen, was wir wollen. Jeder halbwegs vernünftige Mensch weiß, daß man zu dem wird, was man denkt. Daß der Gedanke der Vater der Tat ist. Die Energie folgt dem Denken. Also definieren wir unsere Bedürfnisse gewissenhaft, stecken unsere Ziele ab, setzen Prioritäten und praktizieren unsere positiven Affirmationen, damit die Sache klappt. Das Problem dabei ist, daß wir nichts weiter als hochgeschraubte Erwartungen hegen, die in direktem Verhältnis zu den darauf folgenden Enttäuschungen stehen.

Als illusionäres unabhängiges »Ego« wollen wir die Kontrolle über unser Leben und unsere Bedürfnisse haben. Wir glauben, die Unwägbarkeiten des Lebens mit Hilfe der Kraft des positiven Denkens und der Affirmation irgendwie in den Griff bekommen zu können. Wir alle kennen Leute, die genau planen, was sie in 5, 10 oder 25 Jahren erreicht haben wollen und die dann losgehen und ihrem gesteckten Kurs folgen.

Die PERLENSICHT, die aus der Perspektive des BEWUSSTSEINS sieht, weiß, daß der einzelne Körper/Geist-Organismus keinen Weg und kein Ziel im Leben hat. Nur die QUELLE als Subjekt verfolgt ein Ziel, eine Absicht. Die Objekte als Ausdrucksmittel der QUELLE, des SUBJEKTS, haben keine individuellen Absichten. Aber auch hier sehen wir wieder, wie geschickt die QUELLE die Objekte so konditioniert hat, daß sie glauben, sie seien die Subjekte, die ihr eigenes Leben leben, Ziele haben und positives Denken praktizieren, um sich mit diesen Zielen zu verbinden. Dies weckt Hoffnungen und Erwartungen, die oft enttäuscht werden, was wiederum massive Verengung und Begrenzung verursacht. Dabei spielt in Wirklichkeit die QUELLE diese Phantasien der Begrenzung aus, weil es so angenehm ist, aus dem Traum aufzuwachen und zu erkennen, daß die QUELLE in ihrem Ruhezustand unbegrenzt und in jeder Hinsicht unendlich ist.

Die PERLENSICHT sieht außerdem, daß die absichtliche Bemühung, die man in ein Ziel investiert hat, sei sie auch noch so groß, nicht nur unwichtig, sondern auch vergeblich ist. Sollte als Endergebnis dasselbe herauskommen wie das, was Sie sich als Ziel all Ihres positiven Denkens gesetzt haben, dann geschieht dies nur trotz dessen und niemals Ihretwegen. Außerdem waren all die starken, klaren und positiven Affirmationen sowieso nur die Gedanken der QUELLE.

12 | GEBET

Für diejenigen von Ihnen, die zufällig nicht von der Kraft des positiven Denkens konditioniert sind, gibt es eine andere Version davon, und zwar das Gebet. Und diese Form ist noch viel annehmbarer, um das zu bekommen, was man im Leben will. Selbst eingeschworene Atheisten öffnen sich angesichts unmittelbarer Todesgefahr oder unerträglicher Schmerzen und rufen Gott um Hilfe an. Schauen Sie sich auch hier die Konditionierung an: der Mensch, getrennt von Gott – hilflos – abhängig von einem launischen, unerkennbaren, aber mächtigen Schöpfer. Was kann man in einer solchen Situation schon anderes tun? Man benutzt das Gebet, um sich mit diesem Gott zu verbinden und so das zu bekommen, was man will, falls Gott nicht auf alle persönlichen Bedürfnisse achten sollte. Nur als Erinnerung, nicht wahr! Klar, wenn man den Zehnten bezahlt, dann steigen die Chancen, daß Gott einen erhört. Ein paar kleine Opfer können ja auch nicht schaden. Falls alle Stricke reißen, versprechen wir Gott in letzter Minute, daß wir uns ändern und diesmal wirklich brav sein werden, wenn er uns das gibt, was wir wollen.

Die PERLENSICHT sieht die unendliche Intelligenz der QUELLE in jedem Quark des Universums (ein Quark ist das kleinste von den Quantenphysikern bisher entdeckte Partikel). Aber jedes Quark des BEWUSSTSEINS ist ein Hologramm der gesamten QUELLE. Jedes Quark ist mit jedem anderen Quark verbunden, um ein großes, unendlich intelligentes GANZES zu bilden. Vergleichen Sie dies mit Ihren Körperzellen, die alle unabhängig voneinander, aber zum Guten des Ganzen agieren. Die DNS jeder einzelnen Zelle enthält das Hologramm des gesamten Sinns und Wesens des Körpers.

Somit spielt das Gebet bzw. die Unterwerfung unter jemanden außerhalb unserer selbst keine Rolle für das, was bereits vollkommen entworfen ist und sich jetzt im Prozeß der gesetzmäßigen Entfaltung des manifesten Schicksals befindet.

Beten ist nur ein weiterer geschickter Trick der QUELLE im Spiel der Begrenzung, weil es als wichtig erscheinen läßt, was man vermißt, zu bekommen hofft, aber wahrscheinlich nicht kriegt und somit aus Enttäuschung zu neuer Verengung führt.

Es gibt allerdings einen Aspekt des Gebets, der mir seit dem Weckruf aufgefallen ist. Ich habe ja schon das Glücksgefühl beschrieben, in dem man normalerweise von mächtigen Strömen von Freiheit, Frieden und Freude davongetragen wird. Zu diesem Glücksgefühl gehört auch ein überwältigendes Gefühl der Dankbarkeit von Augenblick zu Augenblick, das dem Gebet sehr ähnelt. Jeder Atemzug ist ein großes »Ahhh!« tiefer Dankbarkeit für die Erfahrung eines solchen Einsseins mit der QUELLE, der Erleichterung, daß der Konflikt und die Verwirrung jetzt vorbei sind und man sich entspannen kann in ein Nichts-mehr-Tun, einfach Sein und die Erlösung genießen kann, die das Verstehen täglich tiefer werden läßt.

Die Dankbarkeit, von der ich spreche, bedeutet nicht, daß das »Ego« so viel Glück hatte und in dieser universellen Lotterie des Erwachens gewonnen hat. Nein, es ist kein »Ego« mehr zu Hause, das irgend etwas genießen könnte. Es gibt nur das Bewußtsein, daß das »ICH« wie in »ICH BIN DAS« das »ICH« des BEWUSSTSEINS im Ruhezustand und des BEWUSSTSEINS in der Erscheinung ist und sie ein und dieselbe QUELLE sind. In der PERLENSICHT ist das einzig lohnenswerte und sinnvolle Gebet das Gebet der Dankbarkeit, der Freudengesang angesichts der überwältigenden Verschiedenheit des EINEN im vielen.

Ich erinnere mich an mein letztes unterwürfiges Gebet zu Gott, wer immer das auch sein mag. Es geschah ungefähr sechs Wochen vor dem Weckruf, und ich hatte mich ziemlich damit abgefunden, daß ich diesen gesamten spirituellen Evolutionstrip niemals verstehen würde. Mich bedrückte damals das Problem, daß ich aufgrund meiner Gefangenschaft inmitten von unglaublicher Gewalt, Feindschaft und blankem Haß lebte. Es wurde so schlimm, daß ich mich fragte, ob es überhaupt einige der Insassen bis zu einem menschlichen

Bewußtseinszustand gebracht hatten. Ich konnte nichts weiter tun, als jeden Tag von neuem aus der Tiefe meiner Überlebensangst herauszuschreien: »Bitte, Gott, gewähre mir die Vision und die wahre Einsicht in dieses sogenannte »Einssein« des Universums, von dem die spirituellen Meister in ihrem erwachten Zustand alle sprechen.« Und dann war er plötzlich da, der Weckruf, und mit ihm die allgegenwärtige Erfahrung dieses lang ersehnten »Einsseins«. Damit will ich aber nicht sagen, daß meine vorherigen inbrünstigen Gebete nach Einssein erhört worden wären und Gott dazu gebracht hätten, seinen Willen zu ändern. Ich sage damit einfach nur, daß ich zufällig an der Weggabelung der gesetzmäßigen Entfaltung meines manifesten Schicksals angekommen war. GNADE, SCHICKSAL – zur richtigen Zeit am richtigen Ort, Gebet. Raten Sie mal, welcher Begriff hiervon zu einer dieser Belanglosigkeiten der Zwiebelsicht geworden ist?

13 | TRÄUME

Der QUELLE ist es ziemlich gut gelungen, uns alle in einen Zustand illusionären Getrenntseins einzusperren. Sie hat uns geschickterweise mit einem Verstand versehen, der in der Hauptsache die Gedanken von der QUELLE empfängt und sie dann in die Dualität der Gegensätze aufspaltet, um anschließend eine der Polaritäten »gut« oder »schlecht« zu wählen. Dieser gesamte Trennungsprozeß wird dann von den vielfältigen Konditionierungsschichten, von denen unsere ursprüngliche PERLE des BEWUSSTSEINS einfach dadurch, daß wir leben, überdeckt wird, sorgsam verstärkt.

Es gibt unter den Suchern, die dieses Buch lesen, einige, die kurz davor stehen, Finder zu werden und in ihren ursprünglichen Zustand der Unschuld zurückzukehren. Wenn Sie also die soweit dargelegten Vorstellungen intellektuell verstehen und sie mit der Zeit bis in Ihr Herz vordringen lassen können, so denke ich, daß damit die besten Rahmenbedingungen gegeben sind, daß in Ihnen an einem bestimmten Punkt eine intuitive Erkenntnis aufscheint, die zu Ihrem Weckruf wird.

Vor und nach meinem Erwachen habe ich bei der Erforschung des Wesens der Träume festgestellt, daß sie mir geholfen haben, das Wesen des BEWUSSTSEINS intellektuell zu verstehen. Ich meine hiermit nicht das Verständnis der Traumsymbolik, d.h., was es z.B. beutet, wenn ich nackt herumlaufe. Eine solche psychologische Analyse ist nur eine weitere Geschichte innerhalb der Geschichte. Ich meine, wie Träume funktionieren. Die QUELLE selbst gibt uns hier den Schlüssel zum Verständnis, soweit wir ihn sehen können.

Wir träumen unsere menschlichen Träume, wenn wir nachts im Bett ruhen. Wenn wir eingeschlafen sind, taucht sozusagen aus dem Nichts eine Wirklichkeit auf, die sich für all unsere Sinne und Gefühle durchaus real anfühlt, obwohl wir wissen, daß es nur eine Illusion ist. Die aufregendsten Dramen von Liebe und Angst werden unter Einbeziehung der entsprechenden Beteiligten ausgelebt und ausgespielt. Häufig wird jemand willentlich verletzt, gefoltert oder sogar dahingeschlachtet. Sie als sanfte, entwickelte Seele im Wachzustand tun im Traum ganz unaussprechliche Dinge.

Wurde nun, wenn Sie aus einem Alptraum erwachen, jemand wirklich verletzt, wirklich getötet, wirklich vergewaltigt oder mißbraucht? Nein, das war nur Illusion! Waren Sie, als Sie in einem Alptraum gefangen waren und böse Hunde nach Ihnen schnappten, Sie knietief im Schlamm steckten und Ihre Stimme nicht um Hilfe rufen konnte, nicht erleichtert und aufgeregt, wenn Sie dann mit kaltem Schweiß bedeckt plötzlich aufwachten und feststellten, daß es nur ein Traum war und Sie nicht so begrenzt sind? Wie angenehm war es, wenn Sie dann Ihr Kopfkissen umarmen konnten, weil die Intensität des Alptraums Ihre Freiheit und Sicherheit steigerte, die Sie in Ihrem kleinen, beschützen Bett spürten?

Sehen Sie hier die Verbindung zu dem, was das BEWUSSTSEIN im Ruhezustand in der Welt der Erscheinungen bewirkt? Wie oben, so unten! Zu bestimmten Zeiten ruht das BEWUSSTSEIN und befindet sich in seiner unendlichen Ausgedehntheit – ewig, bewußt und in Frieden. Dann erschafft es zur Abwechslung in periodischem Abstand eine Welt der Erscheinungen mit Hilfe eines traumartigen Prozesses, in dem es zum SUBJEKT dieses Objekts wird, aber eins damit bleibt. In dieser traumähnlichen, illusionären Wirklichkeit, die nur in der Welt der Gedankenenergie existiert, ist das SUBJEKT in der Lage, durch seine Objekte ein Lila der Begrenzung zu erfahren, d.h. der einzigen Eigenschaft, die ihm in seinem Arsenal fehlt. Aber in diesem Traum macht die QUELLE sechs Milliarden Mal am Tag die intensive Erfahrung der Begrenzung, und keine gleicht der anderen. Und das allein durch die Humanoiden auf dem Planeten Erde. Nehmen wir noch die quasi unendliche Anzahl von Begrenzungen des Pflanzen- und Tierreichs hinzu, dann ist die Erfahrung schon immens. Und wenn wir dann noch all die anderen Galaxien dazurechnen, können wir nur noch von einer Mammuterfahrung unermeßlichen Ausmaßes sprechen!

Wenn aber der Traum vorüber ist und sich die Blasen, die

wir auf dem Gewebe des Seins darstellen, wieder in den ruhevollen Seinszustand auflösen, gab es da wirklich Verletzte? Sind wir wirklich gestorben, oder war es wie bei den Figuren in unseren Träumen? Stellen Sie sich vor, wie großartig das Gefühl sein muß, wenn man bei einem so realen und intensiven Traum weiß, daß die Begrenzung nur eingebildet war. Und weil Freiheit und Begrenzung der Gleichung entsprechend in derselben Menge vorkommen, war es alles erträglich und höchst amüsant.

Es scheint, daß die QUELLE, das SUBJEKT, ihre Objekte träumen läßt, damit sie den ganzen Prozeß des GÖTTLICHEN LILA leichter verstehen können. Dazu gehört es nun mal, daß die Maya real erscheinen muß, um effektiv zu sein.

Das Verständnis vom Wesen der Träume hilft uns auch dabei, die Vorstellung von Raum und Zeit klarer zu erfassen. Im Traum hat man eine lange Reihe von Ereignissen, die sich im Rahmen des Traums sozusagen unendlich anfühlt. Dennoch wissen wir aus Untersuchungen von REM-Phasen (rapid eye movement = schnelle Bewegung der Augen) in Schlaflabors, daß der gesamte Traum innerhalb weniger Sekunden stattfindet. Und diese Berge und Bäume in Ihren Träumen? Wie lange dauerte es, um sie zu erschaffen? Und all diese Orte, an denen Sie sich aufgehalten haben, wo kamen die her, und wohin verschwanden sie? Übertragen wir also die Analogie von Raum und Zeit im Traum auf den Traum des Lebens – für wie real halten Sie sie dann noch?

Ein Jahr vor meinem Erwachen stellte sich ein anderes Traumphänomen ein: Zum erstenmal in meinem Leben hatte ich luzide Träume. Ich träumte, wachte dann innerhalb des Traums auf und wußte, daß alles nur ein Traum ist. Ich konnte tatsächlich den Traum genießen, ganz gleichgültig in welche Richtung er sich entwickelte. Zuerst lenkte ich den Traum immer in die Richtung, in die ich ihn haben wollte, was mir auch gut gelang, d.h. meine Vorstellungskraft erschuf das gesamte Szenario. Aber nachdem ich ein bißchen damit experimentiert hatte, erkannte ich schnell, daß die Träume viel schöner und abwechslungsreicher als die gelenkten Träume wurden, wenn ich sie laufen ließ und einfach nur als Zeuge dabei war, d.h. als luzider Zeuge, der wußte, daß es nur ein Traum ist.

Abgesehen davon, daß das luzide Träumen mir die schönsten Reisen in meinem inneren Raum ermöglichte, hatte es zwei positive Aspekte. Erstens: Die Dinge so sein zu lassen wie sie sind, ohne etwas zu verändern (wie ein Passagier), ist besser, als den Traumbus in eine bestimmte Richtung zu lenken. Eine sehr wertvolle Lektion für das Leben! Zweitens: Das unglaubliche Bewußtsein, wenn man im Traumzustand aufwacht und die gesamte Scheinwelt durchschaut, brachte mir eine Vorahnung von dem, was später geschehen sollte, als ich auch im Wachzustand aufwachte. Die Parallelen sind fast identisch. Ich habe nicht mehr viele luzide Träume, aber jeder Tag ist ein luzider Spaziergang durch die Traumwelt des persönlichen Wachtraums meines Lebens. Dieses luzide traumähnliche Bewußtsein ist ein weiteres, fortwährendes Nebenprodukt des Glücksgefühls.

Ich kann Ihnen noch von einer anderen interessanten Sache aus meinem Traumleben berichten. Seit meinem Erwachen ist der Grad an Bewußtheit in meinen Träumen genauso groß wie der Grad der Bewußtheit, die durch die Erlösung im Wachzustand bewirkt worden ist. Es kommt mir also so vor, als ginge die Erlösung im Traumzustand genauso schnell weiter wie im Wachzustand. In meinen Träumen gibt es nicht mehr die typische Verwirrung oder die Konflikte, wie sie vor dem Erwachen auftraten. Alpträume gehören der Vergangenheit an. Ich gehe mit Situationen im Traum genauso um wie im wachen Leben.

Die PERLENSICHT betrachtet die gesamte Realität des Wachzustands als fortlaufenden Traum von sich gegenseitig aufwiegender Freiheit und Begrenzung, der im Nu vorüber ist und am erhebendsten, wenn man ihn sich ohne absichtliches Eingreifen entfalten läßt. Wenn er am intensivsten und realsten zu sein scheint, dann wissen wir, daß sich die QUELLE aufs höchste durch uns als Werkzeug amüsiert, und nur aus diesem einen Grund sind wir hier!

Ich muß zugeben, daß viele meiner Zuhörer ausflippen, wenn ich ihnen zum erstenmal erkläre, daß sich die QUELLE durch uns »amüsiert«. »Wie morbide, wie grausam!« Diese Reaktion ist durchaus verständlich, denn sie betrachten die Dinge von der dritten Dimension aus und nicht aus der weiten und transzendentalen Sicht der vierten. Solange man die QUELLE immer noch als von uns allen getrennt sieht, wäre es grausam, sich auf Kosten eines anderen zu amüsieren. Aber es gibt keine Trennung. Es gibt nur die QUELLE, die sich nach außen in vielfältige Erscheinungen projiziert, von denen jede einzelne eine einzigartige und unterschiedliche Erfahrung des Lebens in der dritten Dimension widerspiegelt. Die QUELLE ist jetzt nicht im Ruhezustand, sondern aktiv und unendlich kreativ in einer Traumwelt der Erscheinungen, in der sie jedem Lebensereignis die größtmögliche Erfahrung abgewinnt.

Wenn die QUELLE das Drama des menschlichen Dilemmas mit all seinen Verengungen, Begrenzungen und der unendlichen Vielfalt erlebt, dann kann die Gesamtempfindung am besten mit dem Begriff *Vergnügen* (amusement) beschrieben werden. Dieses wird mit großem Humor und einem Gefühl der Lebendigkeit im Gegensatz zu ihrer normalen unendlichen Ausdehnung im Ruhezustand erfahren. Unsere Sprache ist noch nicht ausgefeilt genug, um dieses Phänomen genau ausdrücken zu können, aber laut Wörterbuch bedeutet *Vergnügen* Betätigen der Aufmerksamkeit dergestalt, daß sie das Interesse an bzw. Vertieftsein in eine Sache auf Lachen stimulierende, leichte oder frivole Weise aufrechterhält. Das klingt für mich ganz nach der QUELLE! Vergnügen ergibt nur dann wirklich Sinn, wenn man das EINSSEIN und nicht die Trennung wahrnimmt.

In der dritten Dimension wird alles, was mit Gott zusammenhängt, als oh wie ernst empfunden. In der vierten Dimension stellt sich meine Erfahrung der vielfältigen Wirkungsweise der QUELLE als ganz spielerisch, amüsant und unendlich humorvoll dar. Vielleicht hat das alte Bild von Jehova unsere Köpfe so konditioniert, daß wir uns Gott einfach nicht als spielerisch oder sich selbst vergnügend vorstellen können. Dennoch muß ich Ihnen sagen, genau dies ist die Quintessenz der QUELLE in meiner Geschichte.

14 | DER AUFSTIEG

Dies ist eines der heißen Schlagwörter des New Age, das auch mich vor dem Weckruf ziemlich beschäftigt hat. Falls Sie nur mit der alten, traditionellen Bedeutung im Sinne von Auferstehung von den Toten bei der Wiederkunft Jesu vertraut sind, werde ich Ihnen kurz erklären, was man heute darunter versteht. Einige New-Age-Anhänger glauben, daß der ganze Planet im Übergang zu einer anderen Dimension, von der dritten zur vierten, begriffen ist. Er bewegt sich dorthin, weil wir in der planetarischen Entwicklung der Erde an dem Zeitpunkt angelangt sind, wo das Bewußtsein auf die Ebene der Erleuchtung gehoben wird. Dieser Aufstieg erfolgt für die Auserwählten in drei aufeinanderfolgenden Wellen, und die Übrigen müssen auf einem dichteren Planeten ihr niederes Leben weiterfristen und ihr schlechtes Karma begleichen. Beim Aufstieg tauscht man seinen alten, aufgebrauchten, physischen, grobstofflichen Körper gegen einen neuen fünfdimensionalen, unsterblichen Lichtkörper, der feste Gegenstände durchdringt und sich mit Gedankengeschwindigkeit fortbewegt. Bei einigen der Aufstiegstheorien gibt es die Version, nach der man auf diesen Übergang irgendwo da oben in einem riesigen Raumschiff mit einem Durchmesser von Hunderten von Kilometern vorbereitet wird.

Als ich im »Kerker von Kalkutta« saß, klang diese Vorstellung des bevorstehenden Aufstiegs ganz schön verführerisch, besonders der Aspekt des Durch-die-Wände-Gehens. Aber nach dem Erwachen dämmerte es mir, daß die ganze Idee des Aufsteigens nur ein weiterer Schwindel der QUELLE ist, um uns auf bessere Lebensumstände hoffen zu lassen, anstatt die Dinge so zu nehmen, wie sie sind!

Stellen Sie sich das riesige Ausmaß an Verengung und Begrenzung bei den Millionen von New-Age-Anhängern vor, wenn die Sache nicht wie angekündigt eintritt. Neben der New-Age-Version des Aufsteigens haben wir auch noch eine christliche, so daß weitere eineinhalb Milliarden Christen betroffen sind. Für die Christen kehrt Jesus wieder, und die Lebendigen und die Toten steigen alle gemeinsam zum Himmel auf. Wenn ich all diesen Christen erzählen würde, daß meiner Meinung nach Jesus im Augenblick des Todes wieder mit dem Urgrund verschmolzen ist, um nie wieder auf den Planeten Erde oder sonst irgendwohin zurückzukehren, dann würde mich wahrscheinlich ähnlich wie Jesus ein vorzeitiges Ableben ereilen.

Für die PERLENSICHT ist der Aufstieg genauso wie die anderen Vorstellungen ein Versuch des separaten Ego, die Lebensbedingungen, wie wir sie auf der Erde kennen, zu verbessern. Der Aufstieg läßt auf einen Ausweg aus diesem Schlammassel hoffen. Aber es gibt nur BEWUSSTSEIN, sei es im Ruhezustand oder in der Phase der Erscheinung. Solange wir die QUELLE in Erscheinung sind – gleichgültig ob mit einem drei- oder fünfdimensionalen Körper – so sind wir doch immer noch durch das Manifestsein begrenzt. Auch das Leben in einem Lichtkörper würde als Ausgleich für die dadurch gewonnene Freiheit seine eigenen Begrenzungen mit sich bringen. Die Gleichung von Freiheit und Begrenzung gilt sowohl für die Ego-Persönlichkeit in jeder Dimension als auch für die gesamte Welt der Erscheinungen. Die Dinge sind, wie sie sind, und das ist derzeit die für uns optimale Situation in dieser Dimension, und zwar solange, bis auch die sich verändert – und wenn etwas sicher ist, dann die Konstante der ständigen Veränderung.

15 | DIE ROLLE DER STÄNDIGEN VERÄNDERUNG

Wenn wir uns der Tatsache bewußt werden, daß wir in einem physischen Körper leben, sehen wir uns zwei absoluten Konstanten gegenüber: ständige Veränderung und schließlich der Tod. Welche Rolle spielt die Veränderung in diesem Lila, das wir Leben auf der Erde nennen? Wenn wir bedenken, daß die QUELLE als Kontrast zu ihrer unendlichen Ausdehnung eine unstillbare Sehnsucht nach Begrenzung besitzt, dann liegt der Veränderung ein Sinn zugrunde. Das Wesen des Menschen kann im Rahmen seines Grunddilemmas extrem widerstandsfähig sein. Sein Geist hat die Fähigkeit, sich schnell jeder Katastrophe anzupassen. Was gestern noch ganz schrecklich war, ist heute schon tolerierbar und morgen normal. Dasselbe gilt für alle außergewöhnlichen Glücksfälle. Auch sie werden ganz schnell als normal empfunden, weil der anfängliche Reiz nicht lange anhält. So hat die QUELLE in ihrer unendlichen Weisheit die wilde Karte der ständigen Veränderung eingeführt, um die Begrenzung am Leben zu erhalten. Sonst würden die Dinge ja ziemlich langweilig und ereignislos werden. Wir alle wollen, daß alles immer gleich, beständig und sicher bleibt. Wir könnten wir uns schließlich sonst selbst vormachen, daß wir alles unter Kontrolle haben? Wenn sich aber alles um uns herum verändert, müssen wir ständig wachsam sein. Auch die Quantenphysiker wissen, daß das Universum ohne Veränderung zusammenbrechen würde. Sie haben jetzt sogar eine Theorie, die beschreibt, wie Chaos die perfekte Ordnung im Universum aufrechterhält.

Fällt Ihnen auf, daß viele Menschen Angst vor der Veränderung des Status quo haben und sich dagegen wehren? Beim ersten Anzeichen von Veränderung spüren sie ein Zusammenziehen, das Grundelement der Begrenzung. Der Ausgleich in der Gleichung von Freiheit und Begrenzung findet also folgendermaßen statt: Wir passen uns schließlich neuen Umständen an, fühlen uns nach und nach wohler, und dann – setzt die Veränderung ein, und wir sind wieder im Rennen.

Die PERLENSICHT offenbart die Hand der QUELLE in allen Veränderungen. Sie bieten uns nur weitere Gelegenheiten, um zum Lila des Lebens »Namaste« zu sagen.

16 | SPIRITUELLE TECHNIKEN

In unserer illusionären Vorstellung von der angeblichen Kontrolle, die wir über unser Leben und Schicksal haben, werden wir zu Suchern, die hektisch einen höheren Bewußtseinszustand oder die Erleuchtung anstreben. Doch genau damit unterliegen wir wieder dem Glaubenssatz, daß wir von der QUELLE getrennt sind. Wir versuchen, Gott auf zahllose Arten die GNADE abzuluchsen, deshalb möchte ich nur die wichtigsten davon ansprechen.

Die Mystik des Ostens konzentriert sich in ihren spirituellen Techniken der Suche auf folgendes:

Dienst an anderen.

Satsang[10] – Das bedeutet die Zusammenkunft mit anderen Suchern und das Austauschen von Wahrheit und eigenen Erfahrungen.

Meditation – Eine *Conditio sine qua non* für die Gotteserkenntnis.

Wie die New-Age-Leute an die Sache herangehen, läßt sich vielleicht am besten am Katalog des Esalen-Instituts ablesen: diverse Kurse der Selbstverbesserung und -erkenntnis, die ich in dieser Phase auch alle mitgemacht habe.

Wenn nun die PERLENSICHT spirituelle Techniken betrachtet, dann ist sie sich folgender Tatsachen bewußt: Es gibt nur BEWUSSTSEIN. Der einzelne Körper/Geist-Organismus ist nicht der Handelnde. Alles, was dir in deinem Verlangen nach Gott im Zusammenhang mit deiner spirituellen Praxis widerfährt, hängt von deinem Schicksal und der GNADE ab.

Es gibt keine magische Formel für das Erwachen. Wenn für dich die Zeit zum Aufwachen gekommen ist, wird es passieren. Nichts kann es aufhalten – nichts kann es beschleunigen. Es gibt nichts, was man tun könnte, das so oder so einen Unterschied machen würde. Es besteht nicht einmal die Notwendigkeit aufzuwachen. Die QUELLE spielt Begrenzung durch jeden einzelnen von uns. Sie macht die gleiche, aber deutlich unterschiedliche Erfahrung, ob sie nun täglich 16 Stunden Zazen[II] in einem Zen-Kloster praktiziert oder ein Hutu-Soldat in Afrika ist, der jeden Tag Tutsis abschlachtet. Beide sind vollkommener Ausdruck der manifestierten QUELLE, die so tut, als sei sie begrenzt.

Meiner Meinung nach sucht der Mensch nach Gott, weil er sich tief in seinem Innern daran erinnert, daß sein Wesen in Wirklichkeit reines BEWUSSTSEIN ist. Aber er sieht mit diesen kurzsichtigen Augen und durch den endlichen Verstand nach außen, findet sich in einem begrenzten Körper gefangen und gerät in Panik. Er fühlt sich von der QUELLE getrennt und befürchtet, für immer gefangen zu sein und niemals zurückzugelangen. Und damit beginnt sein Verlangen, den Weg zurück nach Hause zu finden. Dies ist so, wie es sein sollte – wie es der GÖTTLICHE PLAN vom Traum der Begrenzung vorsieht.

Die PERLENSICHT weiß, daß keine Notwendigkeit besteht, den Weg zurück zu Gott zu finden. Wir sind bereits das, was wir suchen. Es muß nichts zum Erwachen getan werden. Wenn Ihnen das Erwachen vorbestimmt ist, dann wird es von selbst zur vorgesehenen Zeit eintreten, und zwar nicht Ihretwegen, sondern trotz dessen, was Sie tun. Es scheint eine natürliche Entwicklung vom Zustand des Nichtsuchenden zum Suchen und dann weiter zum Finden zu geben. Es scheint sich um Zeiten der Stille und der Meditation zu drehen. Es scheint mit Lehrern zu tun zu haben, die ihre Auffassung weitergeben. Die gesamte Weisheit liegt im Wesen jedes einzelnen von uns. Wenn wir in unsere Mitte kommen oder in Zeiten der Stille auf die innere Stimme hören, dann fließt der Satsang ununterbrochen und direkt von der QUELLE. Entspannen Sie sich in dem Bewußtsein, daß es zum Erreichen der Gottheit keine magische Formel und keinen Zauberschlüssel gibt. Sie sind das bereits, also können Sie's auch nicht vermasseln oder dabei versagen. Vielleicht werden Sie erwacht sterben, vielleicht aber auch nicht!

Es ist eine Erfahrung wie die, wenn unsere Blasen der

Erscheinung im Gewebe des Seins zerplatzen und wir wieder mit der QUELLE verschmelzen, nachdem der Traum von der Trennung zu Ende ist. Und es ist ganz egal, welche Rolle wir in diesem Traum der Erscheinungen spielen. Für jedes Leben und jede einzelne Situation gilt die harmonische Gleichung von Freiheit und Begrenzung. Damit ist es also egal, ob man den Priester oder den Barbaren spielt. Während sie nach außen ihre Rolle spielen, herrscht innerlich doch in beiden dasselbe Gleichgewicht. Aus diesem Grunde verbringen Sie die ersten paar Monate, nachdem Sie schließlich erwacht sind und allmählich erlöst werden, damit, sich über den kosmischen Witz des Ganzen totzulachen. Am Ende werden Sie erkennen, wie die QUELLE das konventionelle Wissen als beabsichtigte Fehlinformation durchdringt, um ihre Illusion am Leben zu erhalten.

Durch meine Erfahrung, im Bewußtsein dessen zu leben, wer bzw. was ich bin – ICH BIN DAS – , sind fast alle früheren Praktiken weggefallen. Die Meditation ist einfach zur Zeit der Stille geworden, in der sich das Verständnis dieser PERLENSICHT vertieft. Ich beobachte nun weder Atem noch meine Sitzhaltung noch meine Gedanken. Ich schnurre einfach nur noch wie eine zufriedene Katze und spüre: Ahhhh, das Leben ist gut! Ahhhh! Alles ist in Ordnung! Ahhhh! Nichts zu tun! Ahhhh! Einfach sein! Ahhhh! Verstehen ist alles! Ahhhh! Die Dinge sind – wie sie sind! Alles ist so, wie es sein sollte!

Klingt das nach harter Arbeit? Kaum! Keine Bücher mehr lesen, weder spirituelle noch wissenschaftliche, und auch keine Geschichten mehr über die Sache selbst. Worte, gesprochene oder geschriebene, lasten irgendwie schwer auf der Heiligkeit des Augenblicks. Sie tun weh! Worte sind nicht mehr nötig. Das Glücksgefühl, das einen hinwegfegt, ist mehr als ausreichend, und dieses Glücksgefühl ist jetzt immer gegenwärtig.

Ich stelle fest, daß ich um nichts mehr bitte. Wenn die QUELLE es mir geben will, dann kommt es, ohne zu bitten. Ich stelle auch fest, daß ich niemanden mehr ablehnen kann. Wenn die QUELLE etwas will, dann bittet sie mich durch die

Wünsche anderer. Auch kommt es mir so völlig unnötig vor, ja geradezu belastend, noch irgend etwas zu besitzen. Alles, was ich brauche, taucht auf geheimnisvolle Weise im Überfluß auf. Ziele oder Wege ziehen mich nicht mehr an und motivieren mich nicht mehr. Das Leben ist gut – gerade so, wie es ist. Und da ich keine Pläne mehr mache, ist es eine wunderbare Überraschung, wenn es sich plötzlich verändert und neues, frisches Material auftaucht.

Workshops und Seminare zur Selbsthilfe und Informationsanhäufung sind uninteressant geworden. Dasselbe gilt für Selbsthilfebücher, -bänder und -videos. Mit dem Erwachen hat sich das Verlangen nach Erkenntnis auf allen Ebenen von unstillbar bis total erfüllt gewandelt. Als es geschah, hatte ich immer noch etwa zwei Dutzend Bücher herumliegen, die ich noch nicht gelesen hatte. Das ist nicht viel, wenn man bedenkt, daß ich die ersten zwei Jahre hinter Gittern durchschnittlich ein Buch an Tag gelesen habe. Aber als mir klar war, daß alle weiteren Worte nur eine Last wären, verschenkte ich sie und ließ mir keine neuen mehr bringen.

Ich hatte ja weiter oben schon erwähnt, daß ich vor dem Weckruf immer diese freischwebende Sorge hatte, daß ich etwas ganz schrecklich Wichtiges tun müsse, ich aber nie wußte, was das sein könnte. Jetzt fühle ich den tiefen Frieden der Gewißheit, daß es *nichts zu tun* gibt, weder jetzt noch irgendwann einmal! Ich sprach auch von dem Gefühl drohenden Unheils, das eigentlich ständig da war. Das wurde von der QUELLE durch eine andauernde Sicherheit ersetzt, die wie ein Mantra bzw. eine süße Melodie meinen Kopf durchströmt: Es gibt nur BEWUSSTSEIN!

Dreißig Jahre lang hatte ich auf die Reinheit meiner Nahrung geachtet; das ist jetzt vorbei. Ich fühlte mich ungeheuer schuldig, wenn ich einmal von der selbstauferlegten Diät, der ich mich gerade verschrieben hatte, abwich. Jetzt weiß ich, ich bin nicht, was ich esse. Das einzige, was diesen Sack von Haut und Knochen am Leben und in Funktion erhält, ist das BEWUSSTSEIN. Wenn die QUELLE jetzt durch die Freiheit eines gesunden Körpers handeln will, bin ich motiviert, gesund zu essen. Und wenn sie die Begrenzung eines übergewichtigen, ungesunden Körpers mit verstopften Arterien spüren will, dann gelüstet es mich nur nach Junk food. Die Vorlieben des getrennten Ich haben sowieso keine Auswirkungen auf das Endergebnis.

Meine zwanzig Jahre andauernde Begeisterung für Hatha-Yoga ist jetzt konventionellerem Fitneßtraining gewichen. Ich machte Yoga, weil ich dachte, dadurch würden meine Chakras[12] ausgerichtet und die Bewußtseinsentwicklung gefördert. Yoga wird ja schließlich in Indien schon 5000 Jahre lang als spirituelle Technik praktiziert. Er mußte einfach ein Schlüssel zu der magischen Formel sein, nach der ich suchte! In der neu gefundenen Freiheit des Erwachens begnügte ich mich mit ein bißchen Aerobic und Krafttraining und ging einfach täglich ein paar Kilometer spazieren. Meine Liebesbeziehung zum Yoga ist heute ein gesunder Respekt vor denen, die ihn reizvoll finden.

Für die PERLENSICHT sind also alle spirituellen Techniken und Praktiken für das tatsächliche Erreichen der Gottheit irrelevant. Das Witzige daran ist, daß man bereits das ist, was man sucht. Wenn die QUELLE die einzigartige Erfahrung von einer besonderen spirituellen Technik durch Sie will, werden Sie unweigerlich zu dieser Technik hingezogen werden. Denken Sie daran, jede Technik trägt in sich eingebaut ihre eigene Gleichung von Freiheit und Begrenzung, d.h. alle dienen der QUELLE in ihrem Streben nach Begrenzung gleich gut. Es läuft schon wieder einmal darauf hinaus: einfach sein – nichts tun – Verstehen ist alles!

17 | SCHMERZ UND LEID

Wir alle sind als Menschen geboren und stecken dementsprechend in demselben Grunddilemma menschlichen Daseins. Eine der Grundfragen hier auf Erden, die manche Menschen schier verzweifeln läßt, ist, wie soll man mit Leid und Schmerz fertig werden, und wie kann ein Gott der Liebe es überhaupt wollen, daß es so etwas in unserem Universum gibt? Das Vorhandensein von Leid und Schmerz ist ein sehr großer Teil des menschlichen Dilemmas. Dieses Dilemma wird nach dem Erwachen aufgelöst. Viele der Erwachten haben dieselbe Antwort gegeben: »Erwache und komm dann zurück und sage mir, ob du von dem Blickpunkt aus noch Leid und Schmerz siehst!« Aber sie erklären nie richtig, weshalb sich die Sichtweise ändert, nur: »Komm dahin, wo ich stehe, und sage mir, was du siehst.«

Wenn sich die PERLENSICHT einstellt, sieht man die gesamte Wirklichkeit mehr und mehr durch die Augen der QUELLE im Ruhezustand. Die Zwiebelsicht ist jenes konventionelle Wissen, das auf der Sichtweise eines illusionären, separaten Ich basiert. Im Ruhezustand ist die QUELLE wach, friedvoll und in all ihren Fähigkeiten vollkommen unbegrenzt. Aber diese unbegrenzten Möglichkeiten im Ruhezustand enthalten die Ausgestaltungen der manifesten Welt nur in potentieller Form. Somit atmet sich die QUELLE in Gestalt und Erscheinung hinein und erlebt ihre unendlichen, unbegrenzten Fähigkeiten als Kontrast zur gegensätzlichen Polarität einer endlichen und begrenzten Erfahrung. Und wir sind genau diese Form, durch die die QUELLE in der Lage ist, Begrenzungen zu spüren und zu erfahren, und zwar durch körperliche Schmerzen und geistiges Leid. Aber auch deren Intensität ist begrenzt. Wenn der körperliche Schmerz zu groß ist, werden wir bewußtlos. Wenn geistiges Leid unerträglich wird, kann unser Erinnerungsvermögen versagen, oder wir werden sogar verrückt. Die endgültige Ausstiegsluke aus einem Zuviel von beidem ist der Tod. Und deshalb sind wir

Menschen nicht unsterblich. Stellen Sie sich vor, wir wären auf ewig in diesen begrenzten Körper eingesperrt! Und auch aus diesem Grund ist die Gleichung von Freiheit und Begrenzung in jede Situation eingebaut.

Die QUELLE erfährt die Begrenzungen in Form eines Traums. Er sieht real aus und fühlt sich real an, aber es ist nur ein Traum, bei dem sich die QUELLE ihres unbegrenzten Selbst im Ruhezustand bewußt ist. Und deshalb haben auch wir Träume. Wir erfahren in derselben Weise Begrenzungen in einem Alptraum und fühlen uns ah so gut, wenn wir in unserem Mikrokosmos aufwachen, genauso wie die QUELLE, nur daß diese in ihrem Makrokosmos erwacht.

Die PERLENSICHT geht mit Schmerz und Leid so um, als kämen sie direkt von der QUELLE. Sie nivelliert die ganze Vorstellung vom Opfersein. Niemand will uns an den Kragen! Weder Gott, noch unser Mitmensch als Feind, noch irgendein tragischer Fehler in unserer Psyche, der uns zu erbärmlichen Sadisten oder Masochisten macht. Wir alle befinden uns mitten im menschlichen Drama. Dieses Drama enthält für jeden Schauspieler ein bestimmtes Drehbuch, das von der QUELLE geschrieben und uns bei der Empfängnis in unserer DNS übergeben wurde. Die QUELLE übernimmt die Rolle jedes Schauspielers und führt sie in vollkommener Weise aus. Während all dies geschieht, sitzt die QUELLE gleichzeitig im Zuschauerraum und genießt die Emotionen, die ihr Drama erzeugt, in vollem Zuge. Wenn das Traumdrama dann vorüber ist, atmet die QUELLE wieder aus und erfreut sich für die Dauer des Ausatmens an sich selbst im Ruhezustand.

Wenn also – zum jetzigen Zeitpunkt – die Rolle für uns als individuelle Körper/Geist-Organismen darin besteht, Schmerz oder Leid zu erfahren, können wir durch den Erwachens- und Erlösungsprozeß erkennen, was all dies zu bedeuten hat. Es ist die QUELLE, die diese einzigartige und wichtige Erfahrung durch die gesetzmäßige Entfaltung unseres manifesten Schicksals macht. Deshalb kann ich die Dinge nur so akzeptieren, zulassen und annehmen, wie sie sind.

Hier zwei Beispiele. Erstens: Schmerz – der normalerweise

unerträgliche Schmerz eines Abszesses am Zahn. Ich ging als Notfall zum Gefängniszahnarzt. Er untersuchte mich und sagte, der Zahn sei zu sehr entzündet, als daß er ihn sofort behandeln könne, und außerdem hätte er zur Zeit sowieso keine Termine mehr frei. Er gab mir etwas Penizillin und ein paar Schmerztabletten und einen Termin eine Woche später. Ich experimentierte, obwohl meine Schmerzgrenze nicht sehr hoch ist. Anstatt die Schmerztabletten zu nehmen, ließ ich die Empfindung des Schmerzes einfach zu, ohne sie verändern oder verbessern zu wollen. Wenn die QUELLE schon die Erfahrung von Begrenzung durch Zahnschmerzen haben will, dann auch richtig! Aber zu meinem Schrecken entdeckte ich, daß das einfache Annehmen den Schmerz weitgehend abklingen ließ, und das Schlimmste, was ich spürte, war nur ein dumpfer Druck. Die Erfahrung brachte mir ein Gefühl totaler Freiheit, und der Zahnarzt konnte kaum glauben, daß ich die Schmerzen eine Woche lang ohne Schmerzmittel ertragen hatte.

Zweitens: Die Erfahrung geistigen Leids ist ähnlich. Nach dem Erwachen trafen mich mehrere emotionale und geistige Schläge, die mich unter Vorerwachensbedingungen normalerweise einer klinischen Depression nahegebracht hätten. Da ich jedoch genauso wie bei dem Schmerz vorging, d.h. annehmen und nicht dagegen wehren, versetzte ich mich in den Zustand der QUELLE, die diese einzigartigen Erfahrungen der Begrenzung macht. Ich blieb bei der Empfindung und tat nichts, um sie zu dämpfen, d.h. ich versuchte nicht, mich durch Fitneßtraining oder hirnlose Fernsehsendungen abzulenken (die üblichen Zerstreuungsmethoden, die früher in solchen Situationen geholfen hatten). Die Erfahrung wurde gelebt, als wäre sie die wichtigste Rolle, die gerade im Universum gespielt wird. Wie die Zahnschmerzen verwandelte sie sich in eine ganz neue Dimension der Freiheit. Wer hätte das gedacht?

Doch Vorsicht: Die PERLENSICHT benutzt das Annehmen der Dinge in ihrem »Sosein« nicht als Technik, um sie zu verbessern. Das Annehmen entspringt dem Verstehen, daß wir die QUELLE sind und damit die Dinge aus dieser Perspektive so erfahren, wie sie sind, und nicht aus der Sicht eines separaten Ego, das alles als persönliche Beeinträchtigung auffaßt. Was die alten Meister sagten, stimmt. Auch wenn es noch so unglaublich klingt, wenn man einmal die gesamte Wirklichkeit von der Erfahrung der QUELLE her betrachtet, dann haben Schmerz und Leid ihren Stachel verloren. Sie wirken sich nur noch so geringfügig aus, daß sie nicht mehr wichtig sind.

18 | DAS LEBEN NACH DEM TOD

Jede mir bekannte Beschreibung des Lebens nach dem Tod basiert auf einem Selbst, das von Gott getrennt ist und das diesen abgetrennten, unabhängigen und autonomen Seinszustand bis in alle Ewigkeit aufrechterhält. Ganz egal welche Schrift Sie studieren oder auf welches Channelmedium des New Age Sie hören, die meisten Szenarios laufen auf ZWEI hinaus und nicht auf EINS: Sie, das Geschöpf, und Gott, der Schöpfer. Diese Fehlinformation ist geschickt von der QUELLE verbreitet worden, um das Trugbild der Dualität und die daraus resultierenden Begrenzungen, die die QUELLE so sehr genießt, aufrechtzuerhalten. Der Traum erscheint realer, wenn man Visionen von einem Weiterleben nach dem sicheren Tod hat, wobei man als dasselbe Selbst weitertrottet – entweder in einem anderen Körper in einem zukünftigen Leben wiedergeboren oder für alle Ewigkeit als Engel bei Gott. Es ist immer noch das separate Ichgefühl, in dem man das, was man derzeitig für sein Selbst hält, für immer beibehalten will.

Hier das Bild vom Leben nach dem Tod, wie es die PERLENSICHT sieht. Wir sind wie eine Blase, die auf der Oberfläche des Ozeans schwimmt. Eines Tages muß die Blase zerplatzen. Wenn eine Blase platzt, geht sie wieder ein in das Sein des Ozeans, das sie schon immer war. Wohin könnte sie sonst gehen? Die zerplatze Blase hat keine getrennte Identität und keinen Leim, der sie zusammenhält, so daß sie zu einer anderen Zeit an einem anderen Ort als genau dieselbe Blase wieder auftauchen könnte.

Die große Frage lautet: Was fühlt ein Individuum, wenn es in den Seinszustand der QUELLE zurückfällt? Das weiß niemand, weil es keine individuellen Selbste gibt, die dies erfahren könnten. Dann gibt es nur noch die EINE Erfahrung, nämlich die der QUELLE. Traditionsgemäß wird die Erfahrung der QUELLE als »Satchitananda, ewige Wirklichkeit, die sich in Glückseligkeit ihrer selbst bewußt ist!« beschrieben. Das ist es! Das ist der einzige Anhaltspunkt! Und auch das beruht nur auf Hörensagen von den Meistern. Wir können einfach nicht mit endgültiger Sicherheit sagen, worin diese Erfahrung besteht, weil unsere Vorstellungskraft zur Zeit immer noch zu begrenzt ist, als daß wir uns davon ein Bild machen könnten. Dies ist Teil des menschlichen Dilemmas des Nichtwissens und der Machtlosigkeit, daran etwas zu ändern.

Stört es mich, daß wir einfach nicht wissen können, wie es nach dem Tod weitergeht? Nein, überhaupt nicht! Die derzeitige Erfahrung des »Fortgetragenwerdens« als erwachte Verlängerung der QUELLE ist ein solches Glücksgefühl, daß die Beendigung dieses Traums der Illusion und Begrenzung durch den Tod nur eine überwältigende, neue Entdeckung in Erwartung dieses Augenblicks sein kann. Werden wir weiterhin die QUELLE in der Manifestation erfahren, oder werden wir in den Ruhezustand zurückkehren? Ich liebe Überraschungen!

19 | WEGGABELUNGEN

Unser menschliches Dilemma läßt uns nur eine Wahlfreiheit, und zwar die Freiheit zu glauben, wir hätten die freie Wahl. Aber in Wirklichkeit gibt es nur BEWUSSTSEIN, d.h. die QUELLE setzt alles in Bewegung und trifft die Entscheidungen, ganz gleichgültig wie sehr das Gegenteil der Fall zu sein scheint. Unsere illusionäre Vorstellung von der eigenen Macht speist den Kernreaktor unseres Begrenzungsgaus. Im Rahmen des menschlichen Dilemmas wird eine Menge Zeit, Energie, Angst und Bedauern beim Treffen von Entscheidungen verbraucht. Wir kommen an eine Weggabelung. Die Zwiebelsicht fertigt eine Liste mit dem Pro und Kontra an und rechnet die beiden gegeneinander auf. Und wenn dann der Kopf endlich eine qualvolle Entscheidung gefällt hat, biegen wir nach links oder rechts ab, ohne daß wir jemals sicher sein können, ob wir die richtige Wahl getroffen haben oder nicht.

Mit der PERLENSICHT können wir viel gelassener an diese Gabelungen auf dem Weg herangehen. Die QUELLE scheint im menschlichen Dilemma im Hinblick auf die vorhandenen Möglichkeiten so zu funktionieren, daß sie in uns Gedanken auslöst, die uns die eine Wegrichtung als attraktiver als die andere erscheinen lassen. Das ist die Hauptmethode, mit der sie uns zu einer bestimmten Handlungsweise anregt. Wenn der Moment gekommen ist, wo wir schließlich einen Knopf drücken müssen, können wir anstatt auf den Kopf auf das Herz hören. Als Verlängerung des BEWUSSTSEINS ist unsere Intuition voll entwickelt. Wenn beide Alternativen gleich aussehen, wiegen und sich gleich anfühlen und Sie jetzt die Wahl treffen müssen, dann werfen Sie eine Münze! Sie können nicht verlieren, weil wegen der eingebauten Gleichung von Freiheit und Begrenzung das Ergebnis beider Möglichkeiten in ihrer Wirkung auf Ihren inneren Zustand dasselbe ist. Sie müssen sich entscheiden, ob Sie den Schwarzen Piraten oder Mister Richtig heiraten wollen, aber der GEIST schubst Sie weder in die eine noch in die andere Richtung.

Was tun Sie? Also Sie handeln, »als hätten« Sie einen freien Willen, nehmen einen der beiden und sind sich sicher, daß, egal wie Sie sich auch entscheiden, weder die eine noch die andere Wahl etwas am Gesamtergebnis Ihres Lebens bzw. Ihres manifesten Schicksals ändern würde.

Der Finger, der bei großem Zweifeln und Zögern den roten und nicht den grünen Knopf drückt, ist immer noch – und nichts anderes als – die Bewegung, der Gedanke und der Impuls, die von der QUELLE stammen. Das ganze qualvolle Gefeilsche vor dem Drücken des Knopfes gehört zum Begrenzungsspiel des Lila. Vergessen Sie niemals, dieser Sack Haut und Knochen ist eine Marionette, und die QUELLE hat die Fäden in der Hand.

Als ich mir während des Erlösungsprozesses dieser bestimmten Schicht der Zwiebelsicht bewußt wurde, experimentierte ich viel mit Entscheidungen – wie man sie trifft und dann durchzieht. In einem Hochsicherheitsgefängnis zu sein bot mir eine günstige Gelegenheit, Experimente ohne katastrophale Folgen durchzuführen. Ich gebe Ihnen zwei Beispiele. Die 1300 Insassen schliefen auf einem Raum, der 1936 einmal für 200 vorgesehen war. Man hat also einen »Kojennachbarn«, der über oder unter einem schläft. Wenn der Nachbar aus irgendeinem Grund den Schlafsaal verläßt, dann sagt einem die konventionelle Weisheit, daß man sich schleunigst um jemandem Vernünftigen als Nachfolger kümmert, der kein psychotischer Killer, Rassist oder drogenabhängiger Dieb ist. Schließlich wird der ja die 2 Kubikmeter Raum auf unbestimmte Zeit mit einem teilen. Wenn man sich nicht selbst auf die Suche begibt und jemanden findet, teilen einem die Wärter irgend jemanden zu (womöglich den, dem man nicht in seinem schlimmsten Alptraum begegnen möchte).

Als sich mir die PERLENSICHT eröffnete und die Erlösung einsetzte, wechselte ich vom Handlungsmodus in den Modus des Abwartens und Sehens, was passieren würde, bzw. des Nichthandelns, soweit das möglich war. Ohne daß ich mich selbst bewußt anstrengen mußte, jemanden zu finden, war ich immer wieder erstaunt, wie sich alles ergab, und zwar besser, als wenn ich mich eingeschaltet hätte. In der leeren Koje tauchten Leute auf, die durchweg erfreulich waren. Ich lernte, daß sich geradezu wundersame Dinge einstellen, wenn man den ganzen Entscheidungsprozeß als stiller Zeuge und ohne auf das Ergebnis zu schauen beobachtet. Jeden Tag gab es alles Mögliche zu entscheiden: Was tue ich, um meinen Status bei den Gerichten zu klären; an welchen Gefängnisprogrammen soll ich teilnehmen; und wie regle ich meine familiäre und geschäftliche Situation außerhalb der Gefängnismauern? Die Lösungen wurden am leichtesten gefunden, wenn ich einfach beobachtete, wie alles in vollkommener Weise ohne persönliches Einwirken auf das Ergebnis erledigt wird. Obwohl ich mich nicht für ein Gefängnisprogramm entschieden und mich bewußt darum gekümmert hatte, traf ich immer »zufällig« auf den dafür Zuständigen, und wir kamen ins Gespräch, und schon im nächsten Augenblick war ich eingetragen und fragte mich: »Wie ist das denn schon wieder passiert?«

Ich kann kaum in Worte fassen, wie bedeutsam dieser Übergang vom »Tun« zum »Nichttun« für mich war, und damit verstehe ich Nichttun nicht als eine andere Form von Tun, um bessere Resultate zu erzielen. Ich meine Nichttun so, als würde man in einem Schlauchboot auf einem reißenden Fluß dahingleiten, zu 100 Prozent von der Strömung getragen, ohne daß es nötig oder möglich wäre, selbst einzugreifen. Mein ganzes früheres Leben war ich stolz darauf gewesen, daß ich in all meinen Unternehmungen übererfolgreich war. Ich war mir sicher, daß alle Ergebnisse in direktem Verhältnis zu meiner überlegenen Entscheidungskraft und meinem erstklassigen persönlichen Engagement standen. Eine der angenehmen Auswirkungen des Glücksgefühls ist es, sich jetzt einfach mitreißen zu lassen, anstatt gegen den Strom des Lebens anzuschwimmen.

Ein in der vielschichtigen Konditionierung der Zwiebelsicht gefangener Mensch kann einfach nicht nachvollziehen, daß das Leben auf die erstaunlichste, wundersamste Weise gelebt wird, wenn jegliche absichtliche Anstrengung zugunsten der Erkenntnis, daß man DAS ist, aufgegeben wird. Sie sind die QUELLE – alles ist in Ordnung – alles ist gut – es kommt nicht darauf an, welche Weggabelung Sie nehmen, es läuft alles auf dasselbe hinaus. Worum es geht, ist, daß Sie dies verstehen und nicht eingreifen. Es ist nun mal so, Handeln wird unwichtig, wenn Sie verstehen, daß Sie nicht der Handelnde sind.

20 | WAS WÄRE, WENN SIE ZUM SCHÖPFER DES PLANETEN ERNANNT WÜRDEN?

Es gehört zu unserem ererbten und konditionierten Dilemma, daß viele von uns den Planeten Erde betrachten und denken, daß hier einiges ganz schrecklich falsch läuft. Hat Gott angesichts all der Fehler, die wir sehen, versagt? Wir glauben alle, wir könnten es ganz anders machen, und unter anders verstehen wir besser – viel besser. Nun gut, tun wir einmal so, als wären Sie ein von diesem merkwürdigen, Chaos stiftenden Gott getrenntes Wesen, und dieser Gott läßt Sie alles nach Ihren Vorstellungen neu erschaffen. Jetzt können Sie all das Negative beseitigen wie zum Beispiel:

Alle Krankheiten – angefangen bei Krebs und AIDS
Hungersnöte und Obdachlosigkeit
Gewalt
Schmerz und Leid
Krieg und Auseinandersetzungen
Umweltverschmutzung
Verbrechen
Tod und Alter
Grausamkeit des Menschen gegenüber Tieren
Grausamkeit des Menschen gegenüber Menschen
Ungerechtigkeit
Armut
Angst
Neid
Zorn
Unglückliche Beziehungen
Naturkatastrophen
Süchte.

Ich bin sicher, diese Liste ließe sich endlos fortsetzen. Wenn Sie es gründlich anstellen, dann hätten Sie am Ende Ihrer Neuerschaffung des Planeten alle Begrenzungen auf der Erde beseitigt. Einer wäre dann im Grunde genommen wie der andere und würde für immer in einer langweiligen, süßstoffsüßen Umgebung mit einem unsterblichen Körper festsitzen.

Aber viel wichtiger dabei ist, daß Sie Gott als QUELLE in ein echtes Dilemma gebracht haben. Sie haben sie in eine Welt ohne Begrenzungen gesetzt, die aber immer noch eine Welt der Erscheinungen ist. Der einzige Grund für diese Manifestation lag ursprünglich darin, daß sich die QUELLE mit den endlichen Begrenzungen amüsieren konnte. Und jetzt haben Sie unserem Dasein die Existenzberechtigung genommen. Die QUELLE könnte sich genauso gut in ihren Ruhezustand zurückziehen und die gesamte Schöpfung auflösen. Verstehen Sie, was ich meine?

Wir sehen alle mit einem begrenzten Geist, und ohne Einblick in den großen Zusammenhang kann niemand wissen, was das Beste für das Leben auf der Erde ist, wie wir es kennen. Die QUELLE aber weiß es und benutzt ihre unendliche Weisheit, um dieses Lila am Leben und erfreulich zu erhalten. Von der PERLENSICHT aus würden Sie also kein einziges Detail in der gegenwärtigen Tagesordnung auf dem Planeten Erde verändern. Ihre Erlösung hat Ihnen gezeigt, daß das Glücksgefühl darin besteht, die Dinge so zu nehmen, wie sie sind! Sie sind also nicht mehr dafür verantwortlich, den Planeten zu retten, zu verändern oder die Welt zu verbessern. Wenn die QUELLE Ihren alten Sack Haut und Knochen dazu benutzen will, etwas auf dem Planeten zu erreichen, dann könnten Sie als kleines, persönliches Ich es weder verhindern, noch befördern oder abbremsen. Es wird sowieso geschehen – nicht Ihretwegen, sondern trotz Ihnen. Macht es Ihnen nicht Mut zu wissen, daß alles an Ihnen vollkommen in Ordnung ist und daß Sie nicht eine einzige Kleinigkeit an diesem sich entfaltenden Schicksal verändern würden?

21 | GLOBALE EREIGNISSE

Seit dem Weckruf ist die Beschäftigung mit globalen Ereignissen zu einer ganz neuen Geschichte geworden. Die Zwiebelsicht unterteilt die Menschen in den Medienereignissen in die Guten und die Bösen. Wir wollen, daß die Bösen in Schach gehalten und bestraft werden. Wir können nicht nachvollziehen, was sie zu Terroristen macht oder weshalb sie Leuten auf der Straße unter Gewaltandrohung das Auto abnehmen, und was wir nicht verstehen, lehnen wir ab. Wir sind auf eine morbide Weise von dem Unheil fasziniert, das gute Menschen ereilt. Vielleicht macht uns der Anblick ihres Unglücks besser klar, wie gut es uns doch selbst geht. Aber meistens kann man sich beim Betrachten der Weltereignisse nicht eines Urteils oder einer Meinung enthalten, und genau das ist es – wie wir ja schon die ganze Zeit festgestellt haben – , was den Bereich der Begrenzung wie Wasser auf die göttliche Mühle des Lila aufrechterhält.

Es ist schon eine andere Erfahrung, wenn man abends die Nachrichten sieht und tief im Innern weiß, daß es keine Schuldigen gibt, sondern nur die QUELLE als Auslöser von Ereignissen. Das unglaubliche Drama ablaufen zu sehen und zu beobachten, wie die meisten Beteiligten der normalen Konditionierung hinsichtlich Schuld, Opfersein und Rache glauben. Können Sie sich folgendes Bild vorstellen? Ein Bote Gottes sagt zu jemandem, dem gerade das Auto auf offener Straße unter dem Hintern weggestohlen wurde, er solle das mit dem Auto nicht so verbissen sehen, weil ja in Wirklichkeit die QUELLE es brauche und es genommen hat, um das universelle Gleichgewicht aufrechtzuerhalten. »Regen Sie sich nicht über den gewalttätigen Rowdy auf, der es gestohlen hat, weil er nur als Instrument benutzt wurde! Und versuchen Sie auch gar nicht, die Gründe dafür zu verstehen, da es in Ihrem Schicksal so vorgesehen ist. Sie brauchen dem Verlust auch nicht nachzutrauern. Und wehren Sie sich auch nicht, indem Sie auf den Autodieb schießen. Es ist alles in Ordnung!«

Eine solche Erklärung von seiten des göttlichen Boten würde bei richtigem Verständnis sofort eine höchst brenzlige Situation der Begrenzung so verändern, als würden wir auf einer Welle der Freiheit bis nach Hause surfen. Aber den einzigen Boten, den die QUELLE in bezug auf den wahren Sinn des Lebens und der Ereignisse in der Welt ausschickt, ist einer namens »Erlösung«. Seine Rolle besteht darin, unsere alte, konditionierte Zwiebelsicht in eine klare Wahrnehmung der PERLENSICHT zu verwandeln. Wenn das klare Verständnis der PERLENSICHT erst einmal in den intuitiven Teil des Herzens vorgedrungen ist, folgt das Glücksgefühl ganz natürlich.

Die Weltnachrichten zu sehen ist somit wie eine Art Satsang für mich geworden, bei dem die innere Stimme des GEISTES den Spielplan der Gleichung von Freiheit und Begrenzung erläutert. Was für ein großer kosmischer Witz, wenn man sich anschaut, wie ernsthaft die Spieler in ihre Rollen verstrickt sind. Man durchschaut klar das politische Manöver der Republikaner bzw. der Demokraten als Stimme der QUELLE, die neue Themen ankündigt, um 200 Millionen Amerikaner in einen Widerspruch dafür oder dagegen zu verstricken. Wer könnte die Politiker noch ernst nehmen, wenn alle wüßten, daß es in keinem Fall eine Rolle spielt – es ist so oder so dasselbe? Alles pegelt sich auf einen gleichmäßigen Austausch von Freiheit und Begrenzung ein.

Jeder einzelne Körper/Geist-Organismus muß in dem Augenblick, wo er die Blase der Erscheinung hinter sich läßt und im Todesmoment mit dem REINEN SEIN verschmilzt, über den gigantischen Witz des ganzen Daseins lachen. Der Traum ist zu Ende, die Illusion des Getrenntseins ist vorüber, es gibt nur noch das EINSSEIN der QUELLE, und dies ist das beste der möglichen Szenarios für diesen bestimmten Körper/Geist-Organismus. Dies ist die Art von Erfahrung, die sich einstellt, wenn das Glücksgefühl der PERLENSICHT das gesamte Leben durchdringt. Sämtliche Ereignisse sind das Spiel der QUELLE. Es gibt nichts zu tun außer diese Ereignisse als stiller Zeuge zu beobachten: Es ist alles in Ordnung – das Leben ist gut!

22 | DIE ROLLE DES LEHRERS

Die Mystik des Ostens hat in bezug auf den Erwachensprozeß immer besonderes Gewicht auf die Rolle des Gurus[13] gelegt. Traditionellerweise lebte man beim Meister viele Jahre lang und diente ihm, und wenn er einen für einen würdigen Kandidaten hielt, wurde das Erwachen nur durch die Gnade des Gurus gewährt. Bücher hatten mir immer den Eindruck vermittelt, daß es eine Art esoterische und geheimnisvolle Formel gibt, die nur der Guru kennt und die einem die Erkenntnis und die Weisheit der Erleuchtung erschließt. Noch so ein Trick der Konditionierung!

Im Zen-Buddhismus spielt neben dem Meister oder Roshi[14] auch das Lösen von unergründlichen Rätseln, sogenannten Koans[15], eine Rolle; meist beginnt man mit dem Mu-Koan. Koans sind bewußt so konzipiert, daß sie keinen logischen Sinn ergeben. Man muß sich also auf die Intuition des Herzens verlassen, um dahinterzukommen. Ein typisches Koan wäre: »Wie klingt das Klatschen einer einzelnen Hand?« Jeden Tag meldet man sich beim Roshi und berichtet ihm von den über das Koan gewonnenen Einsichten, und fast immer sagt er: »Falsch!« Also übt man weiter Zazen und meditiert darüber. Wenn man das Mu-Koan endlich geknackt hat, geben sie dir weitere 200 saftige Koans zum Bearbeiten, bis man schließlich auf 2000 von den kleinen Dingern kommt.

Ich habe einmal in einem Zen-Ashram[16] gelebt und monatelang 13 Stunden am Tag über ein Koan meditiert. Man geht davon aus, daß man für das erste mindestens drei Jahre braucht und dann weitere 20 Jahre, um die restlichen zu knacken. Bis dahin sollte man Satori[17], das Gegenstück zum Weckruf, erlangt haben. Die folgenden 10 Jahre verbringt man dann damit, die neuen Erkenntnisse zu integrieren, und wird anschließend als Lehrer ausgeschickt. Klingt dies nach viel harter Arbeit, um das zu erreichen, was man schon ist? Sieht das nach viel absichtlicher Bemühung um Satori aus? Tja, die QUELLE hat angesichts der 400 000 zufriedenen Zen-Mönche, die auf dem Planten leben, offensichtlich das Bedürfnis, eine spezifische Begrenzung zu erfahren.

Ich lebte auch zwischendurch immer mal wieder ein paar Jahre in der Gemeinschaft von Guru Maharaji in San Antonio, Texas, und viele weitere in Rajneeshpuram in Oregon, der kleinen Stadt von Shri Bhagwan Rajneesh. Es gab dort nicht das traditionelle Zusammenleben des Gurus mit einem einzigen Schüler, weil wir einfach zu viele waren. Ich erwähne das nur am Rande, weil ich eine gewisse Ahnung davon bekam, was der Guru von seinen Schülern erwartete, und ich versuchte, all dies ins rechte Licht zu rücken. Vergessen Sie nicht, daß ich ja auch schon 11 Jahre Vorbereitung auf das katholische Priesteramt in einem Kloster hinter mir hatte und mir die westliche Mystik geläufig war.

Doch dieses intensive Suchen auf all den traditionellen Wegen machte mich nur verwirrt und skeptisch. Schließlich hörte ich auf, von einem Guru zum anderen zu laufen und gab die Lehrer auf. In all den Jahren bin ich nicht auf einen einzigen erwachten Menschen gestoßen! Bhagwan war es vielleicht, aber ich kam nie nahe genug an ihn heran, um sicher sein zu können. Als ich von seinen Schmähreden gegen die amerikanische Regierung und ihre Politik hörte oder ihn überall, wo er auftrat, von schwerbewaffneten Bodyguards umgeben sah, gab mir das alles sehr zu denken.

Ein unvergeßliches Geschenk verdanke ich ihm allerdings. 1984 nahm ich Sanyas[18] als Schüler bei ihm, und er gab mir den Namen Satyam Nadeen. »Nadeen« bedeutet auf Sanskrit »Ozean«, und »Satyam« bedeutet »Wahrheit«. Es wäre allerdings viel passender gewesen, wenn er mich »Ozean der Verwirrung« oder besser noch »Ozean des Widerstands« genannt hätte. Dies war das erste und letzte Mal, daß er einem Sanyasin[19] den Namen »Ozean der Wahrheit« gab.

Weil ich nicht das Gefühl hatte, daß der Name für mich zutreffend war, benutzte ich ihn erst nach dem Weckruf, als er sich plötzlich nicht nur richtig anfühlte, sondern genau passend. Das alte »Ich« war tot und verschwunden, und dies war der perfekte Name für meine frisch wiedererlangte »Urunschuld«. Und obwohl mir Rajneesh nicht den gesuchten Zauberschlüssel zum Erwachen gegeben hatte, so hatte ich doch zumindest einen guten Namen dafür erhalten, als es schließlich eintrat.

Nein, bevor sich die lebenslange Dunkelheit der Seele auflöste und das Licht meines wahren Wesens einströmte, mußte ich zwei Jahre unter unaussprechlich grausamen Zuständen in dem düsteren Loch eines Gefängnisses zubringen. Das Aufwachen ereignete sich ganz von selbst ohne irgendeinen Lehrer! Das soll aber nicht heißen, daß all die vorhergehenden Lehrer mich nicht auf das Erwachen vorbereitet bzw. meine verfestigten Strukturen aufgeweicht hätten.

Wie sehe ich nach all dem nun die Rolle des Lehrers? Ich weiß, daß Lehrer absolut unentbehrlich sind, doch nur in sehr begrenztem Maße. Es ist nicht notwendig, bei einem Meister zu leben und ihm wie ein Sklave zu dienen, um von ihm die Gnade zum Erwachen zu erhalten. Ein wahrer Guru weiß, daß die einzige Gnade des Gurus vom GURU der QUELLE kommt und das nur aufgrund der Vorbestimmung. Ich glaube jedoch nicht, daß ein Mensch, der mit der Zwiebelsicht anfängt (und das umfaßt den ganzen Planeten, wie wir ihn kennen), ganz allein die enormen Hemmnisse einer lebenslangen Konditionierung durchbrechen kann, wenn kein Lehrer, der schon dort ist, ihm sagt, wer er wirklich ist.

Ihre Konditionierung sagt Ihnen, daß Sie ein mit freiem Willen ausgestattetes unabhängiges Wesen sind, getrennt von der QUELLE und für das eigene Leben verantwortlich. Ein Lehrer, den Sie respektieren, bewundern und dem Sie vor allen Dingen glauben, sagt Ihnen: Sie sind eine Ausdehnung des BEWUSSTSEINS – Sie sind nicht der Handelnde – es ist auch niemand anders der Handelnde – so etwas wie freien Willen gibt es nicht – keine absichtliche Bemühung – sein Sie einfach – tun Sie nichts – Verstehen ist alles!

Es erscheint mir unmöglich, daß ein Mensch, der im menschlichen Dilemma feststeckt, den Übergang von der Dualität der Trennung zur EINHEIT des BEWUSSTSEINS ohne einen Lehrer schafft, der ihm sagt, daß es nicht nur möglich ist, sondern daß es auch keine andere Wirklichkeit gibt. Ich meine, wer hätte gedacht, daß wir nicht für unser Leben verantwortlich sind? Ich bin nie auf den Gedanken gekommen, weil alles, was ich je gelernt hatte, das Gegenteil behauptete, auch meine Gurus, die mir weismachen wollten, daß der Gang durchs Nadelöhr nur durch sie ermöglicht würde.

Ich kann Ihnen aus Erfahrung sagen, wie überaus leicht es ist. Weil Sie bereits das sind, wonach Sie suchen (Gott – die QUELLE – Erleuchtung), brauchen Sie nur einen Weckruf, der Sie daran erinnert. Aber der lebenslange Schlaf in der alldurchdringenden Konditionierung der Dualität und des Getrenntseins hat Sie müde gemacht. Als dann Ramesh Balsekar sein kleines Buch schrieb, das mich daran erinnerte, daß es nur BEWUSSTSEIN gibt und ICH DAS BIN, wußte ich es plötzlich wieder und erwachte. Die auf den Weckruf folgende Erlösung, die meiner inneren Stimme der Weisheit entströmte, zeigte mir im Detail, wie sich diese intuitive Erkenntnis des ICH BIN DAS auf den Alltag bezieht und auswirkt. Im großen und ganzen bedeutete dies, jede Kleinigkeit im Leben als Ausdehnung dieses allein existierenden BEWUSSTSEINS in ihrem Sosein anzunehmen. Und das wiederum bedeutete, daß alles genauso ist, wie es sein sollte. Es gab also nichts weiter zu tun, als *einfach zu sein*.

Das klingt alles zu einfach, um wahr zu sein, aber ich versichere Ihnen, daß, wenn SCHICKSAL und GNADE es so bestimmt haben und der Augenblick des Überquerens der Brücke vom Handeln zum bloßen Sein für Sie gekommen ist, die gesamte konditionierte Zwiebelsicht von Ihnen abfallen wird und Sie für den Rest der Reise in der Klarheit, Freiheit und Freude der PERLENSICHT leben werden.

Ein Lehrer kann Ihrem Sein nichts hinzufügen, weil Sie als BEWUSSTSEIN bereits vollkommen sind. In bezug auf die östliche Mystik des »neti-neti« sehe ich aber durchaus eine Rolle, die der Lehrer spielen kann. »Neti-neti« bedeutet »nicht dieses – nicht jenes«. Der/Die Lehrer/in kann in Ihrem täglichen Satsang (Aussprechen der Wahrheit in heiliger Gemeinschaft) mit anderen darauf hinweisen, daß etwas für das Erwachen nicht passend oder unwichtig ist. Es ist ein langer Prozeß, weil praktisch alles, was Sie jemals im Leben über Gott gelernt haben, entweder irreführend oder unwichtig ist. Wenn Sie aber erst einmal erwacht sind, gibt es keinen besseren Lehrer als die innere Stimme der QUELLE, die ohne Vermittler direkt zu Ihnen spricht.

Die PERLENSICHT sieht also nur die Notwendigkeit, daß ein erwachter Mensch denen, die an der Suche nach der Wahrheit interessiert sind, erzählt, daß es nur BEWUSSTSEIN gibt und niemand ein von der QUELLE getrennter Handelnder ist. Die einzige Referenz, die ein Lehrer braucht, ist das offensichtliche Glücksgefühl, das durch die Erlösung aus ihm hervorstrahlt. Wenn Sie ein erwachtes Wesen danach fragen, wie man dies bewerkstelligt, werden Sie kein Glück haben! Es gibt nichts, was man tun könnte! Für das Erwachen gibt es nur eine Voraussetzung, und das ist eine Kombination von SCHICKSAL und GNADE, die Sie eines Tages mit der Erkenntnis vom Hocker hauen wird, daß das, was Ihr Lehrer Ihnen gesagt hat, jetzt auch für Sie zutrifft.

Meine Intuition sagt mir, daß auf Sie, liebe Sucher, bald eine Welle frisch erwachter Wesen zukommen wird, mit denen Sie zusammensein und tanzen können. Dieser Austausch wird nicht nur Ihnen Freude machen, sondern auch wichtig für Sie sein. Wenn sie feststellen können, daß dieser Mensch vor Ihnen, der alles annimmt, wie es ist, wahrlich frei und glücklich ist, und wenn Sie ihn dann sagen hören, wer Sie sind, dann glauben Sie es sicher eher, als wenn Sie es nur in einem Buch lesen. Denken Sie aber daran, daß der Lehrer/ Erwachte in keiner Weise anders ist als Sie, außer daß er bzw. sie der Bestimmung nach vor Ihnen und vor dem letzten Vorhang aufgewacht ist. Wenn der Vorhang des Todes gefallen ist, kehren alle aus der Erscheinung auf dieselbe Weise in den Urgrund zurück. Vielleicht wachen Sie auf – vielleicht auch nicht! Es spielt keine Rolle! Am Ende des Traums ist sowieso alles gleich.

23 | SATSANG

In dem Kapitel über spirituelle Techniken benutzte ich den Begriff *Satsang*. Diese Methode bildet ein Bein des dreibeinigen Hockers geistigen Lebens, das in den Traditionen des Ostens eine so große Rolle spielt. Nimmt man eines der Beine weg, fällt man sofort auf den Rücken. Aus der Schilderung meines neuen Bewußtseinszustandes wissen Sie bereits, für wie wichtig (oder ich sollte eher sagen unwichtig) ich jegliche bzw. alle spirituellen Techniken halte. Wenn man ein gutes Gefühl und Spaß dabei hat, wenn sie entspannend oder spielerisch sind, sollten Sie sie einfach in dieser Weise voll genießen. Nicht etwa, weil Sie sich von ihnen irgendeine Art von geistiger Errungenschaft erhoffen. Deshalb meditiere ich noch jeden Tag. Es ist eine Zeit, wo ich für mich allein und in Ruhe bin und ich mich in der sehr realen GEGENWART der QUELLE aale und vor Zufriedenheit schnurre. Die Praxis des Satsang ist eine weitere erhebende und erfreuliche Erfahrung.

Bitte beachten Sie hier den großen Unterschied zwischen dem täglichen »Praktizieren« einer Technik, die einem vorgeschrieben, abverlangt oder von einem erwartet wird, und dem Praktizieren als Möglichkeit, seiner eigenen Glückseligkeit zu folgen. Wenn ich an meine Erfahrungen in den verschiedenen Ashrams und mit den unterschiedlichen Gurus zurückdenke, dann mußte ich für die erste Meditation am Tag frühmorgens zu einer unchristlichen Stunde aufstehen und stocksteif in einer schmerzlichen Haltung dasitzen, ob ich nun Lust dazu hatte oder nicht. Meine Reaktion war immer dieselbe. Ich konnte nicht einmal 10 Minuten still sitzen, ohne einzunikken. Bei den Zen-Buddhisten kam dann immer der Roshi zu mir herüber, um mich durch die Schläge mit seinem langen Stock auf meine Schulter wieder wachzumachen. Und so verbrachte ich meine ganze Zeit damit, mit mehr oder weniger großem Erfolg gegen die Schläfrigkeit anzukämpfen.

Ähnlich erging es mir mit dem Satsang in den meisten Ashrams. Es wurde erwartet, daß man anwesend war und sich täglich mehrere Stunden lang aktiv am Satsang beteiligte. Das muß das Gegenstück zum allsonntäglichen Gottesdienst im Westen sein. Ein typischer Satsang bestand entweder darin, daß der Guru vorn auf einem blumengeschmückten Podium saß und seine Wahrheit verkündete oder daß, wenn er wie meist nicht da war, ein Vertreter oder Freiwilliger sprach. Der Inhalt des Satsang ergibt sich allerdings immer spontan. Wenn nicht der Guru, sondern andere sprachen, gab es das Problem, daß sie in ihren Aussagen meist sehr linientreu waren und der Tradition der jeweiligen Gemeinschaft folgten. Das bot wenig Gelegenheit zum Erforschen neuer Gedanken oder Vorstellungen. Aber rückblickend muß ich sagen, daß das alles schon so seine Richtigkeit hatte. Ich war sowieso ziemlich verwirrt.

Somit möchte ich Ihnen berichten, wie Satsang – genau wie die Meditation – jetzt für mich aussieht: Er macht Spaß, ist aufregend und ein höheres Hoch, als ich es jemals durch Drogen erfahren habe, und bei weitem keine gefürchtete spirituelle Disziplin mehr.

Wörtlich übersetzt bedeutet das Sanskrit-Wort Satsang »Gespräch der Wahrheit«. Das tut man in der Regel zusammen mit anderen, obwohl es seit dem Weckruf bei mir als ständiger innerer Ruf des GEISTES hörbar sein kann, wenn ich in der Rolle des stillen, unbeteiligten Zeugen verharre, dem bewußt ist, daß er nicht wählen kann. Ich glaube, Jesus sprach von Satsang, als er sagte: »Wenn zwei oder mehr in meinem Namen versammelt sind, bin ich mitten unter euch.« Ich glaube, er beschreibt in diesem Szenario die unglaubliche Energie, die uns zur Verfügung steht; sie entspricht dem Synergismus von 1 plus 1 gleich 100, wenn sich Menschen mit offenem Geist zusammentun, um ihre Wahrheit oder Erfahrungen miteinander zu teilen. Aus diesem Grund teilen sich die meisten Workshops heute meistens in kleinere Gruppen, um zu besprechen, was gerade in einem bestimmten Bereich geschieht.

Wie sehe ich den Satsang also heutzutage aus einem erweiterten Bewußtsein, das direkt von der QUELLE kommt? Einfach als den köstlichsten Teil der neugefundenen Freiheit im Erwachen! Lassen Sie mich erklären, weshalb. Alles, was Sie in dieser Geschichte erfahren, zieht und zerrt in bezug auf die Glaubwürdigkeit vielleicht nur an den Fäden Ihres logischen Verstandes. Ich verlange ja schließlich von Ihnen, das Gefühl eines freien Willens, den Sie ein halbes Leben lang zu haben glaubten, außer acht zu lassen und statt dessen die QUELLE als den einzigen Handelnden zu betrachten. Ich lade Sie dazu ein, sich in der Haltung des Nichts tuns zu entspannen, nachdem Sie Ihr ganzes Leben lang gerackert und sich in bester Absicht abgemüht haben. Und genau hier setzt die wunderbare Rolle des Satsang ein. Satsang kann die Brücke sein zwischen dem unmöglichen Festsitzen in der alten Konditionierung und der unglaublichen, neuen Freiheit des Erwachtseins. Fällt Ihnen auf, daß Satsang genau in diesem Augenblick vor sich geht, indem Sie einfach nur mit dem Lesen dieses Buches beschäftigt sind? Es haben sich Ihnen schon Tore für neue Möglichkeiten eröffnet. Sind Sie daran interessiert, dies weiter zu verfolgen? Falls ja, dann ist hier die GNADE des Satsang am Werk. Sie können sicher sein, daß ich jetzt gern persönlich bei Ihnen sein und die Gefühle mit Ihnen teilen würde, die normalerweise am Anfang in Form von Fragen hochkommen.

Wenn auch noch ein paar Freunde von Ihnen unter denselben Vorzeichen anwesend wären, würde unsere geballte Energie zu einer Flutwelle der GNADE werden, die über uns hereinbricht. Ich kann Ihnen versichern, daß sich in diesem Energieaustausch viele Zweifel und Unklarheiten auflösen würden, nicht etwa aufgrund von logischen Erklärungen, sondern aufgrund dieser geheimnisvollen, mächtigen Energie, die wir in Ermangelung eines besseren Wortes GNADE nennen.

Wäre es notwendig oder überhaupt besser, wenn ich zum Satsang persönlich bei Ihnen wäre? Ich glaube nicht! Denken Sie daran, daß wir alle die QUELLE sind und keiner den Fluß der GNADE stauen kann. Sie ist in jedem und überall gleich gegenwärtig. Als einziges Highlight könnte ich nur die Sichtweise von jemandem einbringen, der gleichzeitig mit einem

Fuß in der dritten Dimension des menschlichen Dilemmas und mit dem anderen in der vierten Dimension der Freiheit steht. Der Blickwinkel von der vierten Dimension aus, wie ich sie nenne, umfaßt ein erweitertes Verständnis von Mitleid und Liebe. Sehen Sie, die Begriffe bedeuten jetzt für mich dasselbe. Sie sind für mich austauschbar. In meinem neuen Vokabular entspricht Liebe dem biblischen Gott in der Schöpfungsgeschichte, der seine Schöpfung betrachtet und feststellt, daß *alles gut ist*.

Demgegenüber enthält Mitleid jetzt keinen der konventionellen Aspekte für mich mehr, d.h. keine Trauer um etwas bzw. keinen Wunsch, einzuschreiten und das, was ich sehe, zu verbessern. Wenn ich beim Satsang assistiere und all die leuchtenden Gesichter betrachte, empfinde ich Liebe und Mitleid für alle. Das bedeutet einfach, daß ich jeden Anwesenden als QUELLE in Erscheinung erfahre, und die meisten von ihnen stecken wie Sie und ich mitten im menschlichen Dilemma fest. Und in jedem Gesicht und in jedem Ausdruck sehe ich: Alles ist so gut – so richtig, genau wie es ist – ich kann mir nicht vorstellen, daß ich an irgend jemandem irgend etwas verändern möchte. Möge sich das Schicksal selbst entwirren! Und beim Satsang würden Sie diese Verbindung von Mitleid und Liebe spüren, denn genau damit umgibt die QUELLE ihre Projektionen. Sie würden weniger die Worte hören, die ich spreche, sondern vielmehr die bei mir vorherrschende Haltung des Nichts tuns fühlen, wie ich mich den Dingen ergebe, so wie sie sind; und ich hoffe, der Beweis dafür strahlt als Feuer der Freude, des Friedens und vor allem der Freiheit durch meine Augen und meine Gegenwart.

Was wir hier in diesem Buch ergründen, soll Sie in Ihrer tiefsten Intuition treffen. Es ist alles als alte Erinnerung an unser wahres Wissen in unseren tiefsten, unaussprechlichen Schichten vergraben. So, nun hab ich es gesagt, und damit liegt jetzt alles offen auf dem Tisch. Satsang ist Ihr nächster Schritt beim Erforschen der Kluft zwischen der Vorstellung vom Nichtstun und ihrer Umsetzung in das praktische, alltägliche Leben der sich ergebenden, nichthandelnden Haltung der Freiheit. Sie lesen eventuell diese Sachen hier, verstehen sie auch mehr oder weniger, sprechen darüber mit Freunden im Satsang, nachdem Sie sie verdaut haben, und dann, siehe da, verstehen Sie es allmählich auf der viel tieferen Ebene der *Erkenntnis*. Satsang ist potentiell die Verbindung zwischen dem intellektuellen Verständnis und der wahren intuitiven Erkenntnis auf der Ebene des Wesenskerns.

Falls wir tatsächlich einmal die Gelegenheit zum gemeinsamen Satsang haben sollten, werden wir bestimmt herzhaft über all die »Sucherei« und die ernsthaften Bemühungen in der New-Age-Szene lachen. In einer Versammlung von »Findern«, die nicht mehr an einer Suche interessiert sind, wird meine Freude zwischen den Zeilen die folgenden allgemeinen Richtlinien zum Ausdruck bringen: Seid locker und heiter – entspannt euch – es ist nicht alles so, wie es scheint – es muß hier niemand besser gemacht werden – alles ist gut und richtig, so wie es ist – ihr seid endlich frei – Angst und Karma sind aus und vorbei – folgt eurer Glückseligkeit, denn nur das zählt im Endeffekt!

24 | BEZIEHUNGEN UND SEELENPARTNER

Manche New-Age-Anhänger bringen das Gespräch allzu gern auf das Thema Beziehungen und weniger auf das Thema Erleuchtung. Das liegt daran, daß unsere tiefsitzende Konditionierung als Zwiebel besagt, daß eine sinnvolle und sexuell befriedigende Beziehung mit dem oder der »Richtigen« der Schlüssel zu einem glücklichen Leben sei. Wenn das wirklich der Schlüssel zum Glück ist, dann wird schnell deutlich, daß nur wenige ihn besitzen. New-Age-Anhänger sind im Grunde genommen eine Gruppe von sehr engagierten Suchenden, die Beziehungen als erstes Reiseziel auf ihrer Reise ins Nirwana[20] betrachten. Wenn sie immer weiter suchen, werden sie den einen Menschen finden, der als potentieller Seelenpartner vollkommen zu ihnen paßt. Dieser Seelenpartner ist im Besitz des Zaubertranks, der all die Lecks für die Lebenskraft in ihrer Aura stopft. Das Standardprofil des noch zu findenden Seelenpartners umfaßt folgende Eigenschaften: intelligent, geistreich, spirituell, romantisch, sinnlich, sexuell, empfindsam, gutaussehend, aber vor allem muß er jemand sein, »der mich so schätzt, wie ich bin!«

Nun, die PERLENSICHT sieht Beziehungen ähnlich wie der Spruch auf einem T-Shirt, das ich meiner Frau vor vielen Jahren kaufte: »Eine Frau ohne Mann ist wie ein Fisch ohne Fahrrad!« Es scheint, die QUELLE hat im Rahmen des menschlichen Dilemmas dieses romantische Beziehungsideal zur Sicherung in die tiefsten Bereiche unserer Konditionierung eingepflanzt, um die Begrenzung auf immer lebendig zu erhalten. Der Kern des menschlichen Dilemmas besteht darin, daß wir uns von Gott getrennt fühlen, was auch immer das bedeutet. Oft haben wir das leidige, quälende Gefühl, daß wir irgendwie von unserem wahren Sein getrennt worden sind und nun immer in dieser Getrenntheit gefangen sein werden. Wir wissen nicht, wie wir zurückkommen können. Wir wissen nicht genau, wovon wir getrennt sind, aber wir wissen, daß wir so, wie wir jetzt sind, unvollständig sind. Etwas oder jemand fehlt. Dann kommt etwa zur Zeit der Pubertät, wo die Hormone verrückt spielen, die listige Schlange der Konditionierung angekrochen und flüstert uns ins Ohr: »Was du im Leben brauchst, ist jemand vom anderen Geschlecht!« Und von dem Zeitpunkt an wird unser Liebesleben ein automatisches Chaos. Uns spukt sogar der Mythos durch den Kopf, daß wir im Augenblick unserer Erschaffung ein ganzes androgynes Wesen waren, das sich später in eine männliche und eine weiblich Hälfte aufspaltete; die fehlende Hälfte nannte man Zwillingsflamme. Und jetzt verbringen wir also den Rest unseres Lebens damit, nicht nur nach unserem illusionären Selbst zu suchen, sondern auch nach der Illusion eines anderen Teils von uns im anderen Geschlecht, d.h. nach unserer anderen Hälfte, ohne die wir unvollständig und unglücklich sind.

Die PERLENSICHT versteht das Dilemma der Zwiebelsicht in diesem Zusammenhang. Aufgrund eines bestimmten Faktors im göttlichen Plan und nicht etwa aufgrund eines Entwurfsfehlers kommen wir auf diesen Planeten und glauben, wir würden als von der Energie, die uns erschaffen hat, getrennt geboren. Wir glauben, unabhängige, autonome Wesen mit freiem Willen und totaler Kontrolle über unser Leben zu sein. Aber wir fühlen im Kern unserer Struktur auch diese tiefe Aufspaltung, und wir können beim besten Willen nicht herausfinden, was uns fehlt. Von der Pubertät an glauben wir einerseits, daß wir selbstbestimmt sind, und andererseits, daß das fehlende Element in jemandem oder einer Sache außerhalb von uns zu finden sei.

Somit beginnt die Suche nach der Zwillingsflamme für die spirituellen Cracks, nach dem Seelenpartner für die New-Age-Anhänger und nach dem oder der Richtigen für die durchschnittlichen Suchenden. Dies gleicht der Suche nach dem Topf voller Gold am Ende des Regenbogens mit ganz ähnlichen Erfolgsaussichten. Selbst wenn man ein ganz genaues Profil von dem, was man in der Beziehung möchte, aufstellen könnte, und wenn man das dann auf irgendeine Weise bekäme, würde man die Spaltung im Wesenskern damit nicht heilen. Man müßte vielmehr die Suche nach etwas anderem fortsetzen, z.B. nach mehr Geld oder nach Erleuchtung, oder vielleicht wäre politische Macht die Antwort.

Sehen Sie, wie clever die QUELLE ist? Durch die Konditionierung haben wir ein solches Jucken in uns, daß wir nicht dagegen ankönnen, soviel wir auch kratzen. Damit ist sichergestellt, daß wir ein Leben lang mit Begrenzungen konfrontiert bleiben. Die QUELLE hat natürlich auch dafür gesorgt, daß diese Begrenzung durch ein gleiches Maß an Freiheit ausgeglichen wird, und somit geht die Suche nach dem Unerreichbaren weiter, wobei ihr die Gleichung von Freiheit und Begrenzung als Gleitmittel dient.

Vor dem Weckruf hatte ich alle möglichen Ventile ausprobiert, die in irgendeiner Weise dieses geheimnisvolle Verlangen nach Heilung der Aufspaltung hätten befriedigen können. Die Beziehung stand immer weit oben auf meiner Liste mit Lösungsvorschlägen, und keiner hat sich jemals mehr Mühe gegeben – weder quantitativ noch qualitativ – den vollkommenen Seelenpartner zu finden. Ich gehörte zu diesen Übererfolgreichen, die fast alles, was man sich im Leben nur wünschen kann, auf einmal hatten: eine liebende Frau, eine schöne Tochter, mehr Geld als Gott und die damit einhergehende Macht, ein Privatflugzeug und Yachten, beste Gesundheit und Häuser in den schönsten Ländern der Welt. Aber das reichte nicht! Nicht einmal annähernd! Das Jucken wurde schlimmer, aber wohin hätte ich noch gehen können? Das einzige, was noch ausstand, war die Erleuchtung, aber nach einer 40jährigen vergeblichen Suche hatte ich dies als Möglichkeit schon verworfen. Ich erinnere mich an den letzten Strohhalm, nach dem ich in meiner Ist-das-alles-Verzweiflung griff. Ich hatte eine Anzahlung für eine neue Citation II gemacht, so daß ich höher, schneller und weiter fliegen konnte. Einen Monat später wurde ich wegen meiner MDMA-Aktivitäten verhaftet – und stand damit in der Tat vor einer neuen Weggabelung.

Wenn ich zu Ihnen über die Beziehung zu einem Seelenpartner spreche, dann tue ich das als jemand, der von allen Phantasien, die dieses Geheimnis umranken, stark besetzt war.

Ich habe mich am Quell der romantischen Liebe sattgetrunken und betrauerte ihren unvermeidlichen Abschied. Ich habe tantrische Techniken praktiziert, um die Bindung in der Beziehung sexuell zu verstärken. Ich habe meine Seele vor jeder Art von Eheberater entblößt, um eine sich auflösende Beziehung zu retten. Ich habe dem Verlust einer Seelenpartnerin, die mich wegen eines anderen verließ, nachgetrauert. Ich bin zehntausendmal morgens mit dem Wissen aufgewacht, daß meine perfekte Seelenpartnerin irgendwo da draußen sei und war frisch dazu entschlossen und hoffnungsfroh, sie schließlich doch noch zu finden. Erst mit dem Tod meines Ich in dieser dunklen Zelle, in dieser dunklen Nacht der Seele, erkannte ich, daß romantische Liebe und Seelenpartnerbeziehungen Illusionen eines getrennten Ich bzw. Ego sind.

Aber nicht alles ist in dieser Beziehungsgeschichte verlorengegangen! Während die Zwiebelsicht in bezug auf Beziehungen mehr und mehr in die PERLENSICHT überging, kam das Tote und Begrabene allmählich ins Leben zurück. Die Aufspaltung wurde geheilt, und es stellte sich heraus, daß sie gar nichts mit Beziehungen zu tun hatte. Von nun an wachte ich jeden Morgen mit dem Gefühl auf, vollkommen von der süßen, sanften GEGENWART der QUELLE umgeben und durchdrungen zu sein. Meine Erfahrung von Liebe, Freiheit und Sicherheit ist so umfassend, daß sie mich jetzt vollkommen erfüllt und daß ich davon überfließe. Und das ist das Zauberwort für erfolgreiche Beziehungen: *überfließen*. Wenn man im Modus des getrennten Ich lebt, ist man in Beziehungen wie ein leeres Sieb. Der Seelenpartner kann noch so viel Liebe und Wertschätzung in einen hineingießen, es ist nie genug. Es fließt einfach alles durch die Löcher hindurch. Und dann wird man böse auf seinen Partner oder seine Partnerin und ist enttäuscht, weil er bzw. sie nicht in der Lage ist, die eigenen Bedürfnisse für immer und total zu befriedigen. Wenn man sich wieder mit seinem wahren Sein verbindet, dann löst sich das Ego wie Zaubertinte auf, und nur das ICH wie in »ICH BIN DAS« ist gegenwärtig. Worte können das Gefühl der Fülle und Freiheit, das man in der GEGENWART von

»ICH BIN« erlebt, einfach nicht beschreiben. Selbst innerhalb der Gefängnismauern sind die Flitterwochen mit der QUELLE ohne Ende und vollkommen.

Damit sind Beziehungen, wie ich sie vor dem Erwachen verstand und anstrebte, jetzt unbedeutend geworden. Sie sind auf meiner Prioritätenliste von Platz eins auf »nicht mehr wahrzunehmen« gerutscht. Es hat sich eine neue Sicht von Beziehungen eingestellt, die der PERLENSICHT. Wenn man bis zum Überfließen mit der Lieblichkeit der GEGENWART angefüllt ist, braucht oder sucht man nichts mehr. Sollte aber das Schicksal einem einen anderen Körper/Geist-Organismus, der auch bis zum Überfließen angefüllt ist, zugesellen, dann kennt das Ausmaß der erkundbaren Gemeinsamkeit keine Grenzen. Vor dem Erwachen ergab eins und eins immer zwei, d.h. zwei getrennte Wesen stießen aufeinander. Aber im Verlauf der Erlösung und des sich einstellenden Glücksgefühls ist EINSSEIN die vorherrschende Empfindung, selbst wenn man von noch so vielen Menschen umgeben sein mag. Ein erwachtes Wesen plus ein anderes erwachtes Wesen kann der Synergie einer Situation gleichkommen, nach der man sich immer gesehnt hat, die aber in der Isolation des separaten kleinen Ich nicht möglich war.

Wenn Sie vom Leben nichts weiter erwarten, als die Dinge so anzunehmen, wie sie sind, dann wird das, was ich inzwischen als »heilige Beziehung« bezeichne, zu einem Kanal für all Ihre überfließende Freude, Freiheit und Liebe, in dem Sie mit einem artgleichen Wesen verschmelzen und spielen können. Sie wissen dann besser denn je, wie man eine solche heilige Beziehung findet, aber wenn sie Ihnen von selbst in den Schoß fällt, werden Sie sie entsprechend wertschätzen können. Sie wissen, wenn Sie nach einer Beziehung suchen, könnten Sie an Ihrer Erwartungshaltung scheitern. Wenn sich nach dem Erwachen eine heilige Beziehung ergibt, können Worte nicht das EINSSEIN beschreiben, das Ihre Einheit und Ihren spielerischen Umgang miteinander im Innersten zusammenhält.

Beziehungen können dann keine Straße mehr sein, wo

beide sich auf halbem Wege entgegenkommen und in der Mitte treffen. Das ist ein Ideal, wenn auch ein unerreichbares. Eine heilige Beziehung ist eins plus eins, wobei beide zuerst mit der EINHEIT verschmelzen und dann gemeinsam in der eigenen einzigartigen Erfahrung dieser EINHEIT voranschreiten. Dennoch sind sie gleichzeitig einander überlagert, ohne die Freiheit des anderen einzuschränken, weil sie ausschließlich die Freiheit der EINHEIT erfahren.

In einer Beziehung in der dritten Dimension brauchen wir einen ganz besonderen und speziellen Partner. Und selbst wenn wir einen solchen Menschen finden, halten die Flitterwochen meist nur kurz an, und schon bald sieht der spezielle Partner oh so durchschnittlich oder noch schlimmer aus. Weshalb? Weil wir uns zu Anfang, als wir die Person kennenlernten, in die reine, durch diese Person fließende Energie der QUELLE als EINHEIT verliebt hatten, auch wenn wir das nicht so erkannten. Wir schreiben aber diese liebende Energie der QUELLE dem anderen zu, anstatt sie als das zu erkennen, was sie wirklich ist. Und damit wird die Trennung vom anderen und nicht die EINHEIT der QUELLE betont. Diese Beziehung ist jetzt entweder zu Langeweile bzw. Konflikten verurteilt oder zu beidem.

Jetzt betreten wir die vierte Dimension, in der die QUELLE in der Erscheinung aller anderen gesehen wird. Sobald Sie den Übergang hinter sich haben und wissen, wer Sie sind, wissen Sie natürlich auch, wer all die anderen sind und lieben jeden mehr, als ein dreidimensionaler Mensch jemals einen besonderen Partner lieben könnte. In der vierten Dimension sind Sie in bezug auf Ihre Liebe nicht von dem anderen abhängig. Liebe, Freude und Freiheit strömen aus dem Glücksgefühl des Erlebens der QUELLE in der Erscheinung. Jetzt können wir von einer heiligen Beziehung sprechen, bei der das Energiefeld ganz und gar zum Spielfeld der Götter geworden ist. Sie können Ihrem Seelenpartner in die Augen schauen und sehen nur den Tanz der QUELLE, die Sie auffordert, mitzutanzen. Es besteht nicht mehr das Gefühl des Beziehens auf den anderen. Sie blicken jetzt auf eine Reflexion Ihrer selbst als

QUELLE, als Ihr Partner in einer heiligen Beziehung. Sie haben das Beurteilen und Vergleichen in der dritten Dimension hinter sich gelassen, so daß Sie jetzt nur noch Ihren Partner in all seinen Eigenheiten annehmen, ganz gleichgültig wie unmöglich er sich auch verhalten mag.

Als ich zum erstenmal bei Rajneesh war, erzählte er uns häufiger, daß es zwei Wege zur Erleuchtung gebe: den einsamen Weg der Meditation und des Alleinseins und den Weg der Zweisamkeit durch eine Seelenpartnerbeziehung. Sie werden sicherlich verstehen, daß es bei diesen Wahlmöglichkeiten viel freie Liebe in der Gemeinschaft gab. Jeder der anderen Sanyasins hätte diese direkte Seelenpartnerverbindung zur plötzlichen Erleuchtung sein können, also sollten wir uns schleunigst ranhalten und alle ausprobieren, um den richtigen zu finden! Aber kurz vor seinem Tod gestand uns Rajneesh, daß das mit dem Seelenpartner eine Lüge war. Er sagte, wenn er uns zu Anfang erzählt hätte, daß es nur den einsamen Weg gibt, dann hätte ihn niemand ernst genommen. Vielleicht glauben wir ihm jetzt nach 20 Jahren des Experimentierens, in denen niemand erleuchtet worden ist, wenn er uns sagt, daß Beziehungen auf dem Weg zu Gott vergeblich sind.

Hier noch ein letzter flüchtiger Gedanke über Erwachen und Beziehungen. Ich habe bisher keine Bestätigung dafür gefunden, daß Menschen nach ihrem Erwachen eine neue Mann-Frau-Beziehung eingegangen wären. Ich finde viele Geschichten über Menschen, die den Weckruf erhalten haben und dann den Rest ihres Lebens mit dem Ehepartner verbringen, den sie vor dem Erwachen geheiratet haben. Und es scheint auch so, daß in diesen Fällen die Ehefrauen nie das Erwachen des Ehemanns anerkennen (tut mir leid, aber das waren alles Geschichten von Männern), obwohl ihn alle seine Schüler als Heiligen verehrten. Glauben Sie, daß die Bibel das meint, wenn sie sagt: »Der Prophet gilt nichts im eigenen Land.«? Vielleicht vollzieht sich die Erlösung zu allmählich, als daß sie von jemandem, mit dem man schon 25 Jahre verheiratet ist, bemerkt werden könnte. Vielleicht wollen wir, daß unsere Weisen würdiger sind als jemand, der noch rülpst und furzt und nicht mit einem Scheckbuch umgehen kann. Wie dem auch sei, ich denke, es spricht Bände für das Glücksgefühl, daß eine neue Seelenpartnerbeziehung nie Thema zu sein scheint, nachdem die EINHEIT der QUELLE erfahren wurde.

25 | HARMLOSIGKEIT

In den Berichten vom Erwachen Buddhas wird als zentrales Thema oft seine Erfahrung des Mitgefühls betont, und seine ganze folgende Lehre scheint diesen ursprünglichen Punkt zu bestärken. Einige beschreiben ihr Erwachen ausschließlich mit Begriffen wie Glückseligkeit, und andere können nur von Liebe sprechen. Ich würde sagen, daß für mich persönlich die vorherrschende Erfahrung die der Freiheit und Sicherheit war. Vielleicht hatte mein Aufenthalt in einem Hochsicherheitsgefängnis, wo Gewalt eine Lebensform ist, etwas damit zu tun. Ich weiß es nicht. Es war so, als hätte man mir einen 1000 Pfund schweren Sandsack von der Brust genommen, und ich fühlte mich von der Konditionierung sämtlicher Fehlinformationen befreit.

BEWUSSTSEIN war für mich die einzige Wirklichkeit, und das Ego als Handelnder war verschwunden; so fühlte ich mich zum erstenmal sicher vor den Schatten des nahenden Untergangs und diesem besonders Wichtigen, das ich zu tun hatte, ohne überhaupt zu wissen, was. Doch, es war auch eine Art Liebe da – die Liebe, durch die ich die gesamte Schöpfung zum erstenmal so wahrnahm, wie die QUELLE alles als gut sieht und annimmt (meine einzige Definition für Liebe = die Dinge so annehmen, wie sie sind). In der QUELLE war ein gewisses Mitgefühl, wie sie so auf die Erscheinungen schaute und das von ihr geschaffene menschliche Dilemma erfuhr, in das sie ja auch einen Sicherheitsfaktor eingebaut hatte. Natürlich ist da manchmal die Erfahrung von Glückseligkeit und immer der Frieden des Glücksgefühls, in dem nicht nur alles in Ordnung ist, sondern man dies auch feiern und auf der Zimmerdecke tanzen möchte. Das Glücksgefühl umfaßt auch ein fortwährendes, ununterbrochenes Bewußtsein der QUELLE als gefühlter GEGENWART.

Wenn ich mich aber für ein Gefühl entscheiden müßte, das das Erwachen hauptsächlich in mir ausgelöst hat, dann ist es FREIHEIT.

Wenn Leute darüber sprechen, wie sie ihren Weckruf erfahren, läßt sich ein gemeinsamer Nenner feststellen, der die Erlösung von allen durchzieht, ganz gleich wie ihr Hintergrund aussieht. Harmlosigkeit ist eine zentrale Funktion der Erlösung. Wenn man einmal erkannt hat, daß das BEWUSSTSEIN alles Existierende durchdringt und daß in diesem Universum niemand als frei Handelnder herumläuft, der nicht selber REINES BEWUSSTSEIN wäre, wird das Bewußtsein des einzelnen von großem Respekt und tiefer Verehrung im Umgang mit dem Rest der Welt erfaßt. In diesem Zusammenhang wird der Sanskrit-Ausdruck »Namaste« zum ständigen Mantra bei der sinnlichen Berührung mit allen Menschen, Pflanzen, Tieren und Ereignissen.

Mit dem menschlichen Dilemma haben wir alle, ob wir das nun in seiner gesamten Tiefe erkennen oder nicht, einen starken Widerstand gegen das, was einfach ist, geerbt – besonders gegen das *Sosein* der Dinge. Wir verbringen den größten Teil unseres Lebens mit dem Wunsch, das *Sosein* in eine Ego-Version davon umzuwandeln. Im Zuge der Harmlosigkeit zerfließt dieser Widerstand in einen Zustand süßer Unterwerfung in bezug auf jedes Detail des Soseins der Dinge. Sie sieht in jedem Akt des Lila, in jedem Schauspieler im Lila und in den verschiedenen beim Lila verwendeten Kulissen ausschließlich die EINHEIT der QUELLE. Wie könnte man sich selbst oder anderen Schaden zufügen, sei es körperlicher, seelischer oder sogar gedanklicher Art, wenn man intuitiv weiß, daß man es nur mit der QUELLE zu tun hat?

Es sieht so aus, daß Franz von Assisi diesen Geist der Harmlosigkeit verkörperte. Nach dem Erwachen war sein ganzes restliches Leben im Gegensatz zu seiner Vergangenheit als Krieger Ausdruck des Sich-Ergebens in diesem Geist.

Harmlosigkeit und Ergeben kann man sich als wünschenswerte Eigenschaften nicht antrainieren. Sie stellen sich ganz natürlich ein, wenn die Erlösung das trübe Wasser der Konditionierung allmählich klar macht. Wenn man diese Ehrfurcht vor dem Leben erfährt und mit ansieht, wie die ungeheuerlichsten Grausamkeiten verübt werden, kann man darin doch die Perfektion der QUELLE in der Erscheinung, in der Handlung und in der Begrenzung erkennen. Es ist nichts, das man reparieren oder verbessern oder auch nur verstehen müßte. Da ist einfach die süße Freiheit, alles so zu belassen, wie es ist, weil man die Maya durchschaut und seine Aufmerksamkeit auf den REGISSEUR dieses Lila richtet. Und auch wenn die Harmlosigkeit nicht durch die absichtliche Bemühung einer Technik erlangt werden kann, so ist sie doch immer als Honig, der der Erlösung entströmt, gegenwärtig.

26 | DROGEN

Gleich nach dem Interesse an Beziehungsthemen kommt bei der »Babyboom«-Generation die Begeisterung für Drogen. Dieses Interesse läßt sich unserem ererbten Grunddilemma zuschreiben. Es hat schon immer Drogen gegeben, aber meist solche, die einen für kurze Zeit aus dem menschlichen Dilemma herausholen. In der letzten Generation sind wir Aufputschmitteln wie Kokain und Speed, die die Aktivität des Geistes stimulieren, ausgesetzt gewesen. Aber wir haben auch neue bewußtseinserweiternde Drogen wie LSD, Stimmungsaufheller wie Ecstasy und das spirituelle Interesse an Psylocibin in Zauberpilzen kennengelernt.

Das Kernproblem unseres menschlichen Dilemmas liegt im Gefühl der Entfremdung von unserem wahren Selbst als der QUELLE. Das kleine, separate Selbst des Ego hat aufgrund der lebenslangen Konditionierung das Gefühl, auf seinem eigenen autonomen Weg durch diese angsteinflößende Welt grausamer und rücksichtsloser Praktiken zu sein. Alles, was diese Panik der Trennung vorübergehend lindern kann, und sei es auch nur für ganz kurze Zeit, wird ohne Rücksicht auf die Konsequenzen hoch geschätzt. Seit den Anfängen der Geschichtsschreibung wissen wir von Prostitution, Drogen, Alkohol und Glücksspiel. Und genauso lange hat es Gesetze gegeben, die die moralischen Aspekte dieser Flucht aus der Realität (aus dem menschlichen Dilemma) zu regeln versuchen. Und in all der Zeit ist es ihnen nicht gelungen. Genauso wird der Krieg, der gegenwärtig gegen Drogen geführt wird, erst dann erfolgreich sein, wenn die Aufspaltung im Dilemma des Menschen vollständig geheilt ist. Aber halten Sie bis dahin nicht die Luft an!

Erstaunlich ist allerdings das neue weltweite Interesse an psychotropen Drogen, Drogen, die den Geist erweitern sollen, damit wir unsere Wirklichkeit aus einer spirituelleren Sicht verstehen anstatt einfach in die Betäubung eines dumpfen Bewußtseins zu flüchten. Dabei scheint das Bewußtsein auf der Suche nach Antworten auf die Geheimnisse des menschlichen Dilemmas gesteigert zu werden. Als Reaktion auf diese Drogenerfahrungen berichten viele von schwindender Angst vor dem Leben auf dem Planeten und von einem einzigartigen Gefühl der Einheit mit der gesamten Natur. Man freut sich an den einfachen Dingen des Lebens im Gegensatz zur Komplexität des erbarmungslosen Konkurrenzkampfs der modernen Gesellschaft. Aber irgendwie lassen sich die vorübergehenden Einsichten und Gefühle nicht auf den Alltag übertragen, wenn die Wirkung der Droge nachgelassen hat. Also versuchen wir's am nächsten Wochenende wieder. Vielleicht wirken sie dieses Mal ja länger!

Es gibt auf diesem Planeten keine Droge, die uns permanent offenbart, wer wir wirklich sind. Unter idealen Bedingungen können sie höchstens jene Pforte der Wahrnehmung für einen Augenblick öffnen und sie uns dann wieder vor der Nase zuschlagen. Und das macht uns die Begrenzung noch deutlicher. Man hat jetzt etwas von der enormen Freude, die das Bewußtsein bringen kann, gekostet und wird dann hungrig und mit leeren Händen von der Tafel weggeschickt. Wenn man ständig von einer bewußtseinserweiternden Droge high sein könnte, dann wäre das eventuell besser, als die Realität nüchtern zu ertragen, aber leider haben alle Drogen einen eingebauten Sicherheitsfaktor – Toleranz. Früher oder später verliert die Droge an Wirkung, und man muß dann Menge und Einnahme steigern. Irgendwann bricht man zusammen und brennt aus.

Ich spreche hier als lebendiger Beweis und Zeuge, daß der billige und leichte Kick, den ich durch die Sinnsuche mit psychedelischen und psychotropen Drogen bekam, nur ein Sandkorn am Strand des Bewußtseins ist, das aus der Erkenntnis des wahren Selbst resultiert. Jetzt, wo die Erfahrung des Bewußtseins als einzig Existierendem so permanent vorhanden ist wie mein Atem, ist es mir unvorstellbar, mir durch Drogen irgendwelche Erleichterung vom menschlichen Dilemma oder Antworten auf Fragen zu suchen, die schon lange im Prozeß meiner Erlösung ausgetrocknet sind.

Wenn es eine Droge gäbe, die Sie entweder durch einen Trip oder durch tausend Trips aufwecken könnte, würde ich sagen: »Tun Sie's!« Eine solche Droge müßte Sie in die Lage versetzen, das, was ich bisher gesagt habe, in vollem Umfang zu erkennen und zu fühlen. Eine solche Droge müßte die Erkenntnis selbst in extremen Situationen des menschlichen Dilemmas permanent aufrechterhalten. Eine solche Droge dürfte nie an Wirkung verlieren, nicht einmal beim Träumen während des Schlafs. Unglücklicherweise gibt es keine solche Droge!

Es sind andere Gefängnisinsassen zu mir gekommen und haben mich gefragt, warum sie so süchtig nach Heroin und Crack seien. Darauf kann ich nur antworten, daß die QUELLE offenbar die begrenzte Erfahrung machen möchte, die Drogenmißbrauch so gut liefert, aber daß sie sich deswegen nicht geistig selbst bestrafen sollen oder ihr Selbstwertgefühl einbüßen. Wenn man versteht, daß man selbst nicht der Handelnde ist und zum stillen Zeugen wird, der einfach das, was geschieht, ohne Bewertung und Vorliebe registriert, wird die Sucht im Laufe der Zeit ganz von selbst wegfallen. Absichtliches Bemühen ist nicht die Lösung, wie wir an den 90 Prozent feststellen können, die nach konventioneller Behandlung wieder rückfällig werden. Wenn aber das Bewußtsein der QUELLE ins Bild kommt, steckt der Kopf bereits im Rachen des Tigers, und es gibt kein Entrinnen mehr. Wie kommt es, daß jemand in dem vergeblichen Versuch, sein Laster zu bekämpfen, 87 Mal trocken bzw. clean werden muß, und dann ist er es eines Tages auf mysteriöse Weise ganz von selbst los? Die GNADE, die Zeit und das Schicksal sind hier am Werk! Drogenberater wollen von dieser Art der Erklärung nichts wissen, aber wie soll ich es anders sagen? Wenn ich die Erfahrung eines Weckrufs zusammen mit der Klarheit der Erlösung und der Freude des Glücksgefühls in eine Pille packen und diese verteilen könnte, hätte ich die gesamte Weltbevölkerung als Stammkunden. Und wenn die QUELLE es so wollte, daß die ganze Menschheit in den Genuß dieser Erfahrung käme, dann könnte das in einer Mikrosekunde durch göttliche Gedankenenergieübertragung geschehen. Aber das menschliche Dilemma ist nun mal so – wie es ist! In seiner Bestrebung, dies zu ändern, wird der Mensch immer auf Drogen in der einen oder anderen Form zurückgreifen, und wenn die langfristigen Ergebnisse auch noch so unbefriedigend sein mögen. Es scheint also so, als würden Drogen weiterhin zur Rolle von Freiheit und Begrenzung im göttlichen Lila gehören.

27 | BODHISATTVAS

Dies ist eine alte buddhistische Bezeichnung für die Seelen, die aus Mitgefühl das Gelübde abgelegt haben, daß sie die Erde nicht eher als Erleuchtete verlassen werden, als bis jede andere Seele im Universum erleuchtet worden ist. Bis dahin sollen sie sich einfach immer wieder als Gottes kleine Helfer inkarnieren und sich in der Dunkelheit vorankämpfen, bis das Werk vollendet ist. Ich bin sicher, daß Gott ihnen für ihre Hilfe und ihr Mitgefühl dankbar ist!

Dies paßt gut zu der Geschichte, die ich von den New-Age-Anhängern höre, wo es immer wieder heißt, daß sie alle Seelen sind, die »freiwillig« und mutig vom Busen des Vaters gewichen und für eine spezielle Mission auf den Planeten gekommen sind. Zur Mission gehört ein Schleier des Vergessens, so daß sie sich nicht mehr an ihren wahren Ursprung und die Art ihrer Mission erinnern. Sie behaupten sogar, daß sie sich als ersten Schritt auf dieser Mission die Eltern, Kinder und Familie ausgesucht haben, und zwar wurde all dies gemeinsam bei einer Art himmlischem Wochenendflohmarkt ausgehandelt. Diejenigen, die es sich leisten konnten, haben wahrscheinlich einen universellen Computerservice bemüht, um passende Eltern und Seelenpartner für ihre Mission zu finden.

Wir sollten hier noch eine weitere New-Age-Gruppe hinzunehmen. Dies ist die gleichermaßen ungeheuerliche Geschichte von den 144 000 aufgestiegenen Meistern, die viele Erdenleben gelebt haben, erleuchtet wurden, dann als vollkommene Meister aufgestiegen sind und jetzt immer wieder auf die Erde zurückkommen, um deren geistige Entwicklung zu fördern. Doch sie unterliegen auch demselben Schleier des Vergessens, und wenn sie auf der Erde umherwandern, sind sie genauso verloren wie alle anderen, d.h. nur solange, bis sie den Trompetenruf zum Anlegen ihrer Rüstung erhalten, dann ihre alten Klingen schärfen, sich an ihre wahre Identität erinnern und zu den vorbereiteten Kampfplätzen stürmen. Und wie weiß man, ob man zu diesen 144 000 auserwählten Seelen gehört? Ganz einfach: Wenn Sie glauben, daß Sie eine sein könnten oder gern eine wären, dann haben Sie das Zeug dazu. Sie sind eine!

Ich bin doch immer wieder erstaunt, wie viele von Gott »Auserwählte« auf dem Planeten herumlaufen, angefangen bei den alten Stämmen Israels über die Elite des Katholizismus bis hinunter zu den heutigen aufgestiegenen Meistern. Also Leute, fangen wir noch mal von vorne an. Es gibt keine Lieblingssöhne, -stämme, -Bodhisattvas, -religionen, -schriften oder von Gott auserwählte Menschen! Es hat sie nie gegeben – und wird sie nie geben! Worum es bei der PERLENSICHT grundsätzlich geht, ist: ES GIBT NUR BEWUSSTSEIN – sonst nichts! Das BEWUSSTSEIN kann eine unendliche Anzahl von Formen annehmen, aber es ist immer noch EIN BEWUSSTSEIN – gleichermaßen und vollständig in jeder einzelnen Form. Wenn es sich innerhalb seines Lila zu seinem Vergnügen in der Welt der Erscheinungen manifestiert, kann es so tun, als sei es jede beliebige oder alle möglichen Kombinationen von BEGRENZUNG – je mehr, je lieber. Je realer es aussieht und sich anfühlt, desto vergnüglicher wird das Lila. Warum sollte man also nicht so tun, als sei man ein Bodhisattva oder aufgestiegener Meister oder vielleicht nur eine einfache, alte, tapfere Seele, die freiwillig das himmlische Glück aufgegeben hat, um in diese niedrig schwingende Masse herabzusteigen? Tolles Casting! Damit wird auf jeden Fall ein guter Ausgleich zu all den Millionen von Dämonen und Teufeln geschaffen, auf die die christlichen Fundamentalisten ihre Energie konzentrieren.

Eine andere sehr geläufige Geschichte, die in New-Age-Kreisen umgeht, führt zu der Schlußfolgerung, daß Gott einen testet, wenn man im menschlichen Dilemma eine bestimmte Schwierigkeit hat, oder daß dies eine neue Lektion ist oder dazu dient, die eigene Entschlossenheit oder Willenskraft zu stärken. Freunde, die QUELLE braucht keine Lektionen oder Tests! Sie weiß bereits alles! Diese Begrenzungen sind nur ein Traum. Und auf dem Plan steht, daß dieser Traum zu Ende geht. Es ist in Wirklichkeit keine Zeit vergangen. Es ist niemand zu Schaden gekommen. Es sind keine Lektionen gelernt worden. Niemand ist gestorben, weil niemand je geboren wurde!

Eine der schönsten Empfindungen des Glücksgefühls resultiert aus der Sicht der absoluten Wirklichkeit vor dem Hintergrund der alten Konditionierung. Die ersten paar Monate ist man ziemlich daneben, weil man aus dem Lachen kaum rauskommt. Mit der Zeit gewöhnt man sich an den ständigen »Witz«, der sich in jedem Augenblick um einen herum ereignet, und man kriegt die Dinge in den Griff, indem man ein schelmisches Grinsen aufsetzt, ähnlich wie die Katze, die den Kanarienvogel verschlungen hat. Ich betone noch einmal, daß einem das »Namaste« angesichts so vieler verschiedener Vorstellungen von von Gott getrennten Seelen mit ihrer Wahlfreiheit, die sich Missionen in unterschiedlichen vergangenen, gegenwärtigen und zukünftigen Leben aussuchen, leicht über die Lippen geht. Diese Art der Fehlinformation nährt wunderbar die Mythen, die der QUELLE in der Erscheinung diese herrlichen Begrenzungen bescheren. Und damit setzt sich das Lila fort – voller Elan!

28 | PRÄDISPOSITIONEN

Die Art und Weise, wie das EINE die Vielheit der Erscheinungen aus sich hervorbringt, ist etwas, das einen immer wieder in Ehrfurcht erstaunen läßt; dies zu sehen und zu genießen ist eines der vielen Wunder der PERLENSICHT. Jedesmal, wenn die QUELLE ihren Ruhezustand verläßt und in Erscheinung tritt, unterscheidet sich die Manifestation in einzigartiger Weise von allen anderen. Die QUELLE liebt die Abwechslung und möchte nicht durch ständige Wiederholung von Altem gelangweilt sein. Sie geht in die Erscheinung eines individuellen Körper/Geist-Organismus ein, um bestimmte einzigartige, ihrer Vorstellung entsprechende Umstände zu bewirken. So wird ein völlig einzigartiger Mensch mit gewissen »Prädispostitionen« zu einer weiteren Luftblase auf der Oberfläche des Seinsgewebes.

In bezug auf das Wesen der einzigartigen Persönlichkeitszüge des Menschen macht die moderne Psychologie da weiter, wo die alten Wissenschaften wie z.B. die Astrologie aufgehört haben. Anstatt all diese Kategorisierungsversuche mit Ihnen durchzugehen, möchte ich nur den einen erwähnen, der mich am meisten beeindruckt hat, und das ist das Enneagramm. Dieses System wurde vor Tausenden von Jahren entwickelt, dann von den Sufis verbreitet und ist heute die Lieblingsmethode der modernen Charakterkunde, bei der man seine Zahl und seinen Flügel innerhalb des Enneagrammsystems herausfindet. Es ist erstaunlich genau im Detail. Ich bin fest davon überzeugt, daß wir mit fortschreitender Erforschung der DNS die individuellen Prädispositionen im Bereich des Charakters und der Persönlichkeit eines Menschen, die bereits zum Zeitpunkt der Empfängnis im DNS-Strang vorgeprägt wurden, herausfinden werden. So viel zu meinen Ansichten über Theorien zum Problem Natur oder Erziehung!

Es ist nicht so wichtig, wie wir zu diesen Prädispositionen kommen, sondern wie sie wirken. Die QUELLE tritt als individueller Körper/Geist-Organismus in Erscheinung, um eine einzigartige Erfahrung von Vielheit und Begrenzung zu machen. Welche Form Vielheit und Begrenzung annehmen, wird von den Prädispositionen bestimmt, die von der Gleichung von Freiheit und Begrenzung vorgegeben und ausgeglichen werden. Das Drama nimmt seinen Lauf vom Augenblick der Empfängnis an. Gleichgültig, ob dieser bestimmte Sack von Haut und Knochen einen gewissen Grad an Erwachen erreicht oder nicht, ein Faktor bleibt konstant – die Prädispositionen. Deshalb gibt es erwachte Meister, die vor dem Erwachen ungeduldig und aufbrausend waren und die danach noch genauso sind. Dasselbe gilt für die sanften, fördernden Meister, die sich um Leute kümmern. Diese Qualitäten haben sie schon als Prädispositionen geerbt, noch bevor sie ihren Weckruf empfingen.

Schauen wir uns einmal ein bestimmtes Beispiel für eine Prädisposition an. Vor meinem Weckruf war ich laut Enneagramm eine Sieben mit der Acht als Flügel. Jemand, der sich mit dem Enneagramm auskennt, würde damit etwa 90% meiner verschiedenen Charakterzüge beschreiben können: wie ich die Welt sehe und wie meine normalen Reaktionen im Überlebensprozeß sind. Dann kam das Erwachen. Ich bin immer noch eine Sieben mit der Acht als Flügel. Dieser Teil meiner Persönlichkeit ist meine Prädisposition. Auch wenn sich die Ego-Persönlichkeit während der Bewußtseinsveränderung auflöst, so funktioniert sie doch noch ziemlich genauso, wie sie einst angelegt wurde. Ein Enneagramm-Experte kann jetzt vielleicht nur noch 80% von mir vorhersagen, aber grundsätzlich werden sich diese Prädispositionen nicht radikal verändern, nur weil ich mich verändert habe. Die QUELLE liebt ja schließlich die Vielheit und Einzigartigkeit in jedem von uns. Sie hat sich große Mühe gegeben, um sicherzustellen, daß wir uns alle voneinander unterscheiden. Es wäre schon ein dickes Ei für die QUELLE, wenn der Wechsel in die vierte Dimension uns alle zu kleinen Clonen machen würde. Nein, der Teil von mir, der nicht als Sieben mit der Acht als Flügel vorhersagbar ist, liegt außerhalb meiner Prädispositionen und macht mich in der Vielheit dieses Universums völlig einzigartig.

Erwachen bedeutet, daß man plötzlich klar sieht, intuitiv erkennt und umfassend fühlt, daß es nur BEWUSSTSEIN gibt, und als Ergebnis dieses Durchbruchs, daß das Ego oder kleine Ich nicht der Handelnde ist. Es handelt nur die QUELLE durch den einzelnen Körper/Geist-Organismus. Somit spielt die QUELLE jede Rolle unterschiedlich, wenn der Weckruf für einen Menschen programmiert ist. In dem einen Szenario wird sie ein Lehrer und prügelt die Unwissenheit mit einem Stock aus dem Schüler heraus. In einem anderen ist sie freundlich und sanft und geht liebevoll auf die Verwirrung des Schülers ein. In einem dritten sagt sie: »Zur Hölle mit der Belehrung von unwissenden Zwiebeln, ich ziehe allein los und genieße das Glücksgefühl dieser PERLENSICHT, ohne mich um weitere dumme Fragen kümmern zu müssen.« Hey, das passiert!

Es gibt keine in Stein gemeißelte Regel, wie sich ein individueller Körper/Geist-Organismus nach dem Erwachen zu verhalten oder wie er zu sein oder zu handeln hat. Jeder ist anders und der einzige seiner Art, obwohl es ein paar allgemeingültige Bereiche innerhalb der Erlösung gibt. Was das Verhalten nach dem Erwachen festlegt, ist dasselbe, was das Verhalten vor dem Erwachen bestimmt, nämlich die Prädispositionen. Erwachte, die die Rolle eines großen Lehrers spielen, der die Massen aus ihrer augenscheinlichen Lethargie herausholt, werden vielleicht verfolgt oder sogar umgebracht, weil diejenigen, die die Zwiebeln spielen, niemanden mögen, der ihre netten, sauberen Konditionierungsschichten stört – nicht einmal eine glänzende PERLE!

Das alte Zen-Sprichwort vom Holzhacken und Wassertragen vor der Erleuchtung und Holzhacken und Wassertragen nach der Erleuchtung gilt nur für die Überlebensfanatiker. Es bedeutet, daß es nicht nötig ist, seinen Lebensstil, seine Karriere oder Beziehung drastisch zu verändern, wenn man erwacht ist. Die ererbten Prädispositionen bestimmen, wie man den Rest seines Lebens verbringt, und sie verändern sich nicht mit dem Erwachen. Du kriegst, was du siehst. Aber nicht alles ist so, wie es scheint!

29 | AVATARE

Unter Avataren[21] verstehe ich die großen Tiere unter den historischen Erwachten wie Laotse, Buddha, Jesus, Mohammed und Krishna. Ihr Erwachen war nicht größer als das der meisten, denn erwacht ist erwacht. Es gibt keine Grade von Erwachtsein, nur Grade von Erlösung und Glücksgefühl. Sie waren auch für die QUELLE nichts Besonderes, weil die QUELLE ja keine Lieblingssöhne hat. Wie sollte sie, wenn es nur EIN und dieselbe Energie gibt, die von formlosem Potential in die Form hinausstrahlt? Keine individuelle Erscheinung enthält mehr oder weniger von der QUELLE. Was ist es also, das die Großen so herausragen läßt? Sie spielten führende Rollen im Drama ihrer Zeit.

In jedem Akt des Stücks trugen sie eine einzigartige und unterschiedliche Maske. Sie tauchten an der Stelle im großen TRAUM auf, wo die QUELLE den Gang der Ereignisse verändern wollte, also erschien sie als Avatar, um als Katalysator für die folgenden Weltveränderungen zu wirken. Nehmen wir z.B. Jesus. Durch den Einfluß dieses Avatars, der Gottes Liebe zum Menschen predigte und praktizierte, erhielten wir das Christentum, und Sie wissen, was das für die QUELLE bedeutet. Wie viele Millionen Menschen haben sich gegenseitig im Namen dieses Gottes, Jesu, und des Christentums in den letzten 2000 Jahren abgeschlachtet? Wenn das keine Erfahrung von Begrenzung ist, was dann?

Schauen Sie Buddha an. Er erfuhr das Erwachen auf bemerkenswerte Weise, nachdem er die Erleuchtung jahrelang durch unglaubliche Kasteiungen gesucht hatte. Er saß zwei Wochen unter dem Bodhi-Baum und integrierte seine Erlösung und genoß sein Glücksgefühl. Dann verbrachte er die nächsten 40 Jahre seines Lebens mit Lehren und dem Verfassen von 10 000 (wirklich zehntausend, ich mache keine Scherze) Regeln zur Lebensführung und zum rechten Handeln, um dieser Erfahrung der EINHEIT mit der QUELLE bzw. seinem Weckruf nacheifern zu können.

Empfinden Sie es nicht als köstlichen kosmischen Witz, wenn Gott Krishna seinen Schüler Arjuna anweist, all seine Vettern und deren Freunde in der bevorstehenden großen Schlacht zu töten, weil es sein Schicksal ist?

Durch Krishna haben wir den Hinduismus.
Durch Jesus haben wir das Christentum.
Durch Buddha haben wir den Buddhismus.
Durch Mohammed haben wir den Islam.
Durch Laotse haben wir den Taoismus.

Die einzigen, die sich nicht im Namen ihres Gründungsavatars abschlachten, sind die Taoisten, und zwar weil es nur noch zu wenige davon in China gibt, als daß sie einen kriegerischen Einfluß ausüben könnten.

Laotses Weisheit war bereits zu seinen Lebzeiten zur Legende geworden, und somit wurde er zum Hofmeister der Metaphysik ernannt. Die undurchdringbare Unwissenheit seiner Schüler langweilte ihn, und so floh er eines Nachts auf dem Rücken eines Wasserbüffels. Aber man holte ihn ein und hielt ihn als Geisel, bis er sein ganzes Wissen und die Erkenntnisse seiner Erlösung aufgeschrieben hatte. So schüttelt er über Nacht 81 kurze, knappe poetische Verse aus dem Ärmel, nennt sie Tao-te-king, das heißt »Weg des Nichtweges«, und man läßt ihn frei. Für mich ist dies die einzige Schrift, die durch und durch sinnvoll ist, aber man muß schon erwacht sein, um sie überhaupt zu verstehen. Ich hatte sie schon vor vielen Jahren gelesen und mochte den Klang. Aber erst nach dem Weckruf fing ich an, sie zu verstehen.

Avatare wurden von ihren Anhängern verehrt sowie von den Nachkömmlingen ihrer Anhänger, die zu der Zeit offizielle Religionen gegründet hatten. Die Beschreibung der Lehren der Avatare entwickelte sich zu den bekannten Schriften und Bibeln. Wie wir aber wissen, sind Religion und Schriften die Schichten der Konditionierung und Begrenzung, die am schwierigsten zu durchbrechen sind und die wir in unserer Bewegung hin zum Erwachen schließlich ablegen müssen, zumindest die dogmatischen, bornierten Teile, die unsere Freiheit einschränken. So bekamen wir zusammen mit der

Freiheit ihrer Lehren und ihren Beispielen von Liebe und Mitgefühl auch eine gesunde Dosis Begrenzung in Form der daraus resultierenden Religionen und Schriften, die ebenso zu ihrer Gleichung gehörten.

Das letzte, was ein Avatar beabsichtigen konnte, war, immer weiter verehrt zu werden. Sie wurden höchstwahrscheinlich nicht als Erwachte geboren. Der Weckruf kam später. Sie waren außergewöhnlich in ihrem gewöhnlichen Leben. Oh ja, auch sie unterlagen dem menschlichen Dilemma wie alle anderen. Ihr Leben wies dieselbe Gleichung von Freiheit und Begrenzung auf. Sie waren der größte Beweis dafür, daß sich die QUELLE gleichermaßen in der menschlichen Erscheinung manifestiert; einige erwachen, einige nicht, aber es ist dieselbe Lebenserfahrung, die sich insgesamt die Waage hält.

Im Falle von Jesus gibt es Berichte von einigen wenigen Wundern, aber im großen und ganzen lebt die QUELLE das Dilemma lieber ohne reichliche Zuhilfenahme von Wundern aus. Wunder rangieren auf der Freiheitsseite der Gleichung und würden zum Ausgleich viel Begrenzung erfordern. Sehen Sie, trotz all der Wunder ist Jesus am Ende an einem Kreuz gelandet. Ausgleich! Die QUELLE kommt nicht zur Erscheinung, um nur Freiheit zu erfahren. Die hat sie als Konstante ja schon im Ruhezustand. Womit sie spielt, ist die Begrenzung im Dilemma des Menschen, egal ob mit Avatar oder ohne!

Wenn wir die Weisheit der Avatare zu einer einfachen Botschaft destillieren, dann ist es die des Einsseins aller Dinge, und damit kommen wir an unseren Ausgangspunkt zurück: Es gibt nur BEWUSSTSEIN. Doch aus dieser einfachen Botschaft und vier Avataren – Jesus, Krishna, Mohammed und Buddha – ergeben sich für uns 98% der verschiedenen Religionen des Planeten, die alle vorgeben, den einzig wahren Zugang zu Gott zu haben, für den es auch zu sterben gilt! Die Hauptbotschaft des Avatars, nämlich reine Freiheit, hat somit die größte Quelle für Konflikte geschaffen, d.h. Begrenzung, und damit schmort das Dilemma des Menschen weiterhin in seinem eigenen Saft. Die Avatare zeigten uns den Weg zurück zu Freiheit und Ausdehnung. Aber bisweilen zieht die Menschheit Begrenzung und Einengung vor, ganz in Übereinstimmung mit unserer gesetzmäßigen Entfaltung.

Ich möchte an dieser Stelle eine Einsicht mit Ihnen teilen. Obwohl wir im Laufe der menschlichen Geschichte einige recht erstaunliche Avatare hatten, so reichte ihre persönliche Wirkung doch nicht aus, um aus allen Suchern Finder zu machen. Aber sie haben das allgemeine Bewußtsein auf die große Veränderung vorbereitet. Ich glaube, diese Veränderung findet jetzt statt. Ich denke, daß jetzt keine weiteren Avatare für diesen Übergang in die vierte Dimension mehr nötig sind, weil er auf persönlicher Ebene im Innern aller Sucher vor sich geht, ganz gleichgültig aus welcher Kultur oder Religion sie kommen. Die QUELLE bereitet sich darauf vor, BEWUSSTSEIN mit neuen Regeln zu spielen, die keine neuen Avatare mehr notwendig machen. Die neuen Regeln sind einfach:

Wisse, daß es nur BEWUSSTSEIN gibt.
Wisse, daß du nicht der Handelnde bist.
Wisse, daß du das Erwachen nicht durch deine Anstrengungen gewinnen mußt.
Sei und erkenne, WER du wirklich bist.
Dann zieh dich zurück und genieße, wie die Parade vorbeizieht!

30 | LIEBE UND ANGST

Ein Teil unseres menschlichen Dilemmas besteht darin, daß wir mit der unvermeidlichen Dualität unseres Intellekts umgehen müssen. Wenn wir Dinge sehen, fühlen und wahrnehmen, spaltet der Geist alles automatisch in die Polarität der Zweiheit auf. Das wäre nicht so einschränkend, wenn wir dies als stille Zeugen im Bewußtsein der Wahlunmöglichkeit täten. Aber das ist nicht der *Modus operandi* des Menschen. Wir fällen instinktiv ein Urteil über jede eingehende Information, und das macht aus der einfachen Dualität Dualismus, d.h. das Sich-Entscheiden für eine Seite der Polarität zuungunsten der anderen.

Ich sehe zum Beispiel Dr. Jack Kevorkian in den Nachrichten. Sein Bild ruft in mir die Vorstellung von Euthanasie hervor. Die Dualität zeigt sich in der Betrachtungsweise, ob dieser unterstützte Selbstmord entweder ein Akt des Mitgefühls oder moralisch falsch ist – richtig oder falsch! Je nach Konditionierung fällt mein Verstand ein Urteil und bildet eine Meinung bzw. zieht das eine dem anderen vor. Das ist Dualismus. Liebe und Angst sind zwei Seiten einer Polarität.

Liebe ist eine Seite der Dualität oder Polarität als mögliches Ergebnis. Liebe rangiert auf der Freiheitsseite der Gleichung von Freiheit und Begrenzung. Als QUELLE im Ruhezustand ist Liebe unsere natürliche Seinsweise. Wir müssen Liebe nicht lernen, weil wir das dem Wesen nach schon sind. Die andere Seite der Münze ist nicht Haß, sondern Angst. Haß ist nur eine der vielen Facetten der Angst. Angst rangiert auf der Begrenzungsseite der Gleichung. Angst ist das höchste aller »negativen« Gefühle und Liebe das höchste aller »positiven« Gefühle. Damit gibt es eigentlich nur zwei Gefühle, Liebe und Angst, aus denen alle anderen menschlichen Gefühle hervorgehen. Für uns als QUELLE ist Angst nicht natürlich. Wir müssen Angst erlernen, je mehr wir durch unsere Konditionierung Begrenzungen erfahren.

Wenn ich von Liebe spreche, dann meine ich nicht die

romantische Version der Krankheit, die uns als Teenager befällt, wenn wir sagen: »Ich bin verliebt.« Ich benutze Liebe in der einzigen mir bekannten Weise, nämlich so, wie die QUELLE, während sie ihre Schöpfung betrachtete, mit den Worten der Bibel sagte: »Alles ist gut!« Das ist Liebe! Das Annehmen alles Existierenden, so wie es ist, als gut, als Emanation der QUELLE.

Demgegenüber ist Angst Widerstand gegen das Sosein der Dinge. Wir könnten also sagen:

Liebe = Annehmen der DINGE, WIE SIE SIND
Angst = Widerstand gegen die DINGE, WIE SIE SIND

Dieses Verständnis ist das Herzstück des Erlösungsfaktors, von dem ich immer wieder spreche. Das Erwachen ist die Erkenntnis der Wahrheit, daß es nur BEWUSSTSEIN gibt und daß wir nicht die Handelnden sind. Demgegenüber besteht die Erlösung in den auf diese Erkenntnis folgenden Auswirkungen in allen Augenblicken des täglichen Lebens. Deshalb verstehen wir, daß Liebe der Vorgang der Hingabe des Lebens an all das ist, was wir erfahren, d.h. als QUELLE in der Erscheinung, in einer Art und Weise, die alles akzeptiert und zuläßt und jedes Ereignis annimmt, ohne es als negativ zu bewerten, ohne sich eine Meinung darüber zu bilden und selbst ohne Vorliebe für das eine oder andere. Dies ist Liebe in Freiheit!

Angst kehrt diesen ganzen Zustand in einen Prozeß der Abwehr gegen die Ereignisse im Leben um und bewertet sie als negativ, unerwünscht, als etwas, das es zu verändern, zu reparieren oder zu vertreiben gilt. Angst/Widerstand hält gegenüber ungewollten Lebensereignissen eine kritische, bemängelnde, beklagende Haltung aufrecht, anstatt sie als Spiel der Hand, Energie und Weisheit der QUELLE zu erkennen. Dies ist Angst in Begrenzung! Aber da Angst/Widerstand eine erlernte Konditionierung ist, kann sie auch wieder verlernt werden, wenn die Erlösung diese Schichten eine nach der anderen abzieht.

Ich erinnere mich, wie Stuart Wilde, ein guter Freund von

mir, der erstaunliche Einsichten in die Welt des GEISTES hatte, mir einmal eine dieser Juwelen der Weisheit schenkte. Das war ungefähr ein Jahr vor meiner Verhaftung, als wir die ganze Nacht hindurch Blackjack in Las Vegas spielten. Er sagte mir, ich solle mich setzen, und obwohl es etwas unpassend für diesen Ort und diese Zeit zu sein schien, erzählte er mir, daß meine vielfältigen Abwehrmechanismen dem Leben gegenüber das größte Hindernis für mein Erwachen seien. Er ist nicht weiter groß darauf eingegangen, und ich verstand nicht, was er meinte. Aber ich habe das nie vergessen, weil dies einer jener Wahrheitsblitze war, die einen ab und zu treffen. Als ich dann verhaftet wurde und ich ein Ehepaar aufsuchte, das für sein spirituelles Channeling bekannt war, um mir Informationen über meine rechtliche Lage zu besorgen, erwähnten sie beide ganz nebenbei meine »Anti«-Haltung der Abwehr, die irgendwie mit all diesem Schlammassel zu tun hatte. Danach hatte ich eigentlich nicht gefragt, aber da war es wieder!

Erst nach ungefähr einem Jahr der Erlösung nach dem Weckruf verstand ich wirklich und wahrhaftig, was Stuart und die beiden medialen Menschen mit Abwehr gemeint hatten. Und deshalb haben sie wahrscheinlich auch gar nicht erst versucht, es mir lang und breit zu erklären. Ohne die Klarheit des Weckrufs wäre es nicht nachvollziehbar gewesen, weil Angst/Widerstand von unserer frühesten Konditionierung an so tief in uns verwurzelt ist.

Ich kann nur immer wieder betonen, wie clever die QUELLE dieses Spiel von Freiheit und Begrenzung spielt. Wer hätte sich vorstellen können, daß die größte, schwerste Begrenzung in meinem Leben – ein Hochsicherheitsgefängnis – gleichzeitig zur größten Befreiung von der Konditionierung werden würde! Vor dem Gefängnisaufenthalt stellte ich mir auf meiner Suche nach der QUELLE irgendwie intuitiv vor, daß man den GEIST in der ruhigen Schönheit der Natur findet. Dem folgend kaufte ich vor vielen Jahren einen Berggipfel in Costa Rica mit einer Höhe von 1600 m, der unglaublichsten Aussicht und dem besten Klima der Welt. Ich sparte nicht an Geld, um diesen Besitz in einen riesigen Zen-Garten mit

Springbrunnen, Wasserfällen und verschlungenen Pfaden zu verwandeln. Hier konnte ich bei Sonnenauf- und -untergang mein Zazen auf einer Terrasse über dem Wasserturm praktizieren und auf meinen Gehmeditationen in den Gärten über den GEIST nachsinnen. Der perfekte Rahmen für das Erwachen, nicht wahr? Leider nein! Es verstärkte nur mein Gefühl der Entfremdung von diesem ganzen Dilemma des Menschen. Wie konnte ich nur so auf dem falschen Planeten landen? Ich fühlte mich wie ein Fremder in einem fremden Land.

Wechseln wir nun schnell die Kulisse für den nächsten Akt im Schauspiel der QUELLE. Wir schalten um auf das heiße, dreckige, überfüllte, unterirdische Verlies eines Distriktgefängnisses, in dem ich zwei Jahre zubrachte. Genau das Gegenteil von allem, was ich in meinem Heimkloster in Costa Rica erlebt hatte. Aber dennoch erhielt ich den Weckruf ausgerechnet hier! Dann wechseln wir weiter zu einem Bundeshochsicherheitsgefängnis auf Terminal Island. Hier beginnt die Erlösung. Den ganzen Tag – jeden Tag – hundertmal am Tag werde ich mit Situationen extremer Begrenzung konfrontiert. Gewalt, Haß, Feindseligkeit, Unterdrückung, Tyrannisierung, Vergewaltigung, Aufruhr, Isolationshaft im »Loch«[22] , muß ich noch mehr aufzählen? Im Gefängnisleben gibt es nie eine Erholungspause von der physischen und psychischen Begrenzung. Aber hier habe ich Tag für Tag mehr erfahren, wie die QUELLE bei allem ihre Hand im Spiel hat. Das Wegschmelzen des Widerstands hin zur Ergebung. Die Veränderung von Angst in das Annehmen der Liebe.

Zuerst war ich hocherfreut über mein Urteil, als der Richter es für angemessen hielt, mich in das schönste Gefängnis in ihrem System, nämlich Nellis Air Force Base in Las Vegas zu schicken. Aber statt dessen steckte mich die Gefängnisbehörde in ihr schlimmstes, überfülltestes Gefängnis mit den bösesten Halunken und Schießtürmen zur Absicherung. Nach meiner anfänglichen Panik begann ich zu erkennen, daß hinter all diesem mehr steckte, als es den Anschein hatte. Nellis war bei weitem nicht mit Terminal Island zu vergleichen, da es nicht die extremen Begrenzungsbedingungen bot, die offenbar nötig waren, um das menschliche Dilemma mit dem klaren Licht der Erlösung zu erhellen. Rückblickend sieht es jetzt so aus, daß der Versuch, das Labyrinth der Erlösung durch das Meditieren in meinem Kloster in Costa Rica zu durchschreiten, dem Operieren in einem Vakuum gleichgekommen wäre. Man lernt erst dann, sich zu ergeben, wenn einem ein starker potentieller Widerstand entgegengesetzt wird. Erinnern Sie sich an den Ausspruch von Nietzsche: »Was mich nicht umbringt, macht mich stark«? Nun, ergänzend dazu kann man sagen: »Die Angst, der ich mich als spielende QUELLE ergebe, führt am Ende schließlich zur Erfahrung von Liebe.«

Mehr Angst führt zu mehr Liebe.
Mehr Begrenzung führt zu mehr Freiheit.
Mehr Widerstand führt zu mehr Ergebung.

Teil 3 | DAS LEBEN IN DER VIERTEN DIMENSION

31 | DAS GRÖSSTE WUNDER

Wenn wir auf die Geschichte des Menschen zurückblicken, stellen wir fest, daß die QUELLE nur sehr sparsam von Wundern Gebrauch gemacht hat. Zählen wir zu Wundern hier einfach nur einmal die Ereignisse, die außerhalb der natürlichen Naturabläufe liegen. Einige sogenannte Wunder folgen durchaus den Naturgesetzen, aber wir sind in unserem intellektuellen Verständnis noch nicht so weit, daß wir wissen, wie das Universum funktioniert. Der auf dem Wasser gehende Jesus würde in die Kategorie Wunder fallen. Desgleichen die Stigmen des heiligen Franz von Assisi und Lazarus Auferstehung von den Toten. Spontane Genesungen durch Geistheilung gehören vielleicht hier hinein oder auch nicht, aber dafür müssen wir erst einmal die Funktionsweise des Geistes und die inneren Einstellungen zur Gesundheit besser verstehen.

Uns leuchtet die Seltenheit von Wundern vielleicht besser ein, wenn wir verstehen, daß die QUELLE den Frieden ihres Ruhezustands nicht verlassen hat, um in eine Traumwelt der Erscheinung zu gelangen und dort mit kleinen Hokuspokus-Freiheiten, die wir Wunder nennen, überflutet zu werden, da sie ja als ESSENZ bereits dem Wesen nach die höchste und unendliche Quelle aller Freiheit ist. Klipp und klar ausgedrückt, die QUELLE ist hier, um das ganz *gewöhnliche* Dilemma der Begrenzung zu erfahren, und Wunder befreien uns vorübergehend von diesem Dilemma. Ein Wunder mag hier und da ab und zu gut dafür sein, einen scheinbaren Kontrast hervorzuheben oder etwas zu beweisen, aber Wunder gehören normalerweise nicht zum menschlichen Dilemma.

Parapsychologische Ereignisse kommen etwas häufiger als Wunder vor. Sie sind keine Wunder, und wir können immer noch nicht ganz verstehen, wie sie ins Schema der Naturgesetze passen. Telepathie – Hellsehen – Kinästhesie – Levitation – Channeling – Visionen – all dies fällt in diese Kategorie. Eines Tages werden wir diese Phänomene vielleicht verstehen, und sie werden für alle zugänglich sein. Aber ich möchte hier betonen, daß wir uns nicht allzu sehr von Ereignissen beeindrucken lassen sollten, die außerhalb des Normalen liegen, oder sie für den Eigengebrauch wünschen, nicht einmal sogenannte »spirituelle« Gaben. Wenn es geschieht, gut! Wenn nicht, keine Sorge! Es gibt normalerweise keinerlei Verbindung zwischen einem Wunder oder einer parapsychologischen Begabung und dem Erwachensprozeß. Sie sind nur Nebendarbietungen im großen Zirkus des Lebens, die mehr der Unterhaltung dienen als spirituelle Bedeutung haben sollen.

Wir sehen, wie Millionen Inder einem Guru folgen, weil er Dinge aus der Luft materialisieren kann, während ihnen dabei höchstwahrscheinlich jegliche reale Verbindung zur geistigen Einsicht, die der Guru bietet, entgeht. Sie als QUELLE ziehen hier den Unterhaltungswert vor, anstatt zur eigentlichen Sache wie Ergebung und Auflösung des Ego zu kommen.

Es gibt nur ein Wunder, über das ich sprechen möchte, und das ist das größte Wunder von allen – der eigene Erwachensprozeß. Ich weiß von keinem einzigen Menschen, der durch die vielfältigen Wunder, die Jesus getan hat, aufgewacht wäre. Als die Nebenshow vorbei war, gingen die Leute nach Hause und kreuzigten ihn später zur weiteren Unterhaltung. Diese Statuen von weinenden Madonnen auf der ganzen Welt, die zur Zeit der letzte Schrei in Sachen Wunder sind, haben meines Wissens bisher keinen einzigen Erwachten hervorgebracht.

Dem natürlichen Gang der Dinge folgend werden wir in das menschliche Dilemma mit seiner vielschichtigen Konditionierung hineingeboren. Wir verbringen unser ganzes Leben darin und sterben auch schließlich darin. Wir sind vielleicht Sucher und fügen der spirituellen Konditionierung noch ein paar Schichten hinzu, aber das Suchen hat nur die Macht des Ego in seinem Verlangen als Wesen, das von dem Gesuchten getrennt ist, verstärkt. Nein, das wahre und einzige Wunder, auf das es sich zu konzentrieren gilt, ist jener wundersame Vorgang, bei dem man von der GNADE aus den Fängen einer separaten Ego-Persönlichkeit in die Sichtweise und Erfahrung der QUELLE zurückbefördert wird.

Wie wundersam ist dieser Vorgang nun eigentlich? Nun, in der *Bhagavad-Gita* sagt Gott Krishna zu Arjuna, daß die weisen Worte, die er ihm mitteilt, nur von einem unter Tausend gehört werden, und daß von denen, die sie hören, sie nur einer unter Tausend wirklich versteht. Damit kommen wir auf einen in einer Million Körper/Geist-Organismen, der sich vom menschlichen Dilemma befreien und zum Erwachen vordringen kann (wenn man Krishna glaubt). Nisargadatta Maharaj, ein erwachter Meister in Indien und Lehrer von Ramesh Balsekar, einem Zeitgenossen und für mich der klarste aller Weisen, ist viel konservativer. Und er sollte es wissen, denn er lehrte als Erwachter mit umfangreicher Felderfahrung über 40 Jahre lang. Er sagt, nur einer von Hunderttausend hört dies, und nur einer von Hunderttausend, die es hören, erkennt es auch. Die Wahrscheinlichkeit ist damit eher eins zu 10 Milliarden. Dies mag aus Gründen der Verdeutlichung eine leichte Übertreibung seinerseits sein, aber Sie verstehen, daß ich es ein Wunder nenne, wenn man einmal aus dem menschlichen Dilemma herauskommt. Ich persönlich bin davon überzeugt, daß wirklich viel, viel mehr Erwachte herumlaufen als es den Anschein hat. Aber vielleicht genießen diese Wesen die Schönheit ihrer PERLENSICHT für sich privat, ohne großes Aufheben davon zu machen, so daß es keiner genau sagen kann.

Ich habe auch das Gefühl, daß diese Vorhersagen Krishnas und Nisargadattas nur für ihre Zeit galten. Ich nehme zur Zeit wahr, daß um mich herum ein Wechsel von der dritten Dimension in die vierte stattfindet, und zwar so massiv, daß ich diese Veränderung das Neue Zeitalter der Freiheit nenne. Mir ist nicht bekannt, daß im menschlichen Dilemma so etwas Ähnliches schon einmal vorgekommen wäre. Mehr über diesen »Wechsel« später.

Wissen Sie, daß ein Mönch in der Zen-Tradition des Erwachens, wenn er schließlich Satori erreicht hat, mindestens noch 10 Jahre im Kloster bleibt, um diese Veränderung zu integrieren, also um so etwas Ähnliches zu tun wie das, was ich als Erlösung bezeichne? Dann wird er auf die Straße hinausgeschickt, um seine Erkenntnisse zu lehren. Wenn er sich allerdings so verhält, daß die Leute sofort merken, daß hier ein Erleuchteter geht, dann ist er zu auffällig und wird für eine weitere Phase der Einstimmung ins Kloster zurückgeholt. Er muß lernen, einfach ein gewöhnlicher Mensch zu sein, was ein höchst außer-gewöhnliches Vorkommnis ist.

Allein durch die Tatsache, daß Sie hier die Art von Satsang lesen, von der Krishna und Nisargadatta sprachen, können Sie sich mit Recht zu der ersten Gruppe zählen, die nondualen Satsang erfahren. Wenn diese Worte bei Ihnen eine Gänsehaut und ein intuitives »Ahhh!« der Erkenntnis der Wahrheit auslösen, dann können Sie sich auch zur zweiten Gruppe zählen. Wie auch immer, Ihr Kopf steckt im Rachen des Tigers, und Sie werden nicht mehr davonkommen!

Was sollten Sie also für diesen Erwachensprozeß tun, jetzt wo Ihre Aufmerksamkeit und Ihr Interesse geweckt worden sind? Wie lösen Sie Ihren universellen Lotterieschein ein, bevor der Tod Sie einlöst? Nun, dieses Buch soll Ihnen helfen, ganz entspannt nichts zu tun, einfach zu sein und von absichtlichen Bemühungen abzulassen, um das Erwachen zu ermöglichen. Es hängt alles von SCHICKSAL und GNADE ab. Zum Zeitpunkt Ihrer Empfängnis hatten Sie bereits Ihren Schein gekauft, und die Gewinnzahlen standen schon fest. Sie können also jetzt sowieso nichts mehr dazutun, außer abzuwarten und zu sehen, was geschieht.

Diese Einstellung sollte Ihnen eine große Last abnehmen. Wenn erst einmal der Fluch des Suchens über Sie gekommen ist, nachdem Sie die Unwissenheit des Nichtsuchens genossen haben, kann nichts Sie zufriedenstellen, bis Sie das Ziel der Erleuchtung erlangt haben (das denken Sie zumindest). Sie sind aber bereits erleuchtet, weil Sie die QUELLE in der Erscheinung sind, und somit wäre das nächstbeste Ziel, zu dem zu erwachen, was Sie wirklich sind. (Falls ich es vergessen haben sollte, Ihnen zu sagen – es gibt keine Ziele!) Sie können mir einfach glauben und den Versuch aufgeben, weitere Fragen zu stellen, weil jede Antwort zwei neue Fragen aufwirft. Alles ist gut – so wie es ist! Aber ich höre Sie schon fragen:

»OK, wir glauben Ihnen! Was fangen wir nun damit an?«

Wenn Sie immer noch den Trieb weiterzusuchen verspüren, sollten Sie es zumindest in dem Bewußtsein tun, daß Sie nicht der Handelnde sind, daß die QUELLE dieses Spiel der Begrenzung durch Sie spielt, daß Sie so handeln, »als wenn« Sie der Handelnde wären, aber tief im Innern wissen Sie, daß es sich um den Einzugsbereich der QUELLE handelt. Genießen Sie Zeiten, die Sie allein und in Stille verbringen. Dies ist der Boden, auf dem Wunder der Wandlung gedeihen können. Jetzt, da Sie zumindest intellektuell verstehen, was wir hier besprechen, kann dieses Verständnis bis in die intuitiven Kammern des Herzens vordringen und dann vom Bauch aus mit der absoluten Gewißheit jenseits von Worten und Erklärungen explodieren.

Im Laufe dieses Vorgangs können Sie dem Teil in Ihnen, der noch Zweifel hegt und Angst vor den schrecklichen Dingen des Lebens hat, versichern, daß die QUELLE alles unter Kontrolle hat und dabei von unendlicher Weisheit und einem perfekten Spielplan unterstützt wird. Sie werden diesen Spielplan erst dann verstehen, wenn Sie aufgewacht sind! Und dann wird es Ihnen egal sein! Wenn Ihnen schließlich sämtliche Antworten im Leben zur Verfügung stehen, trocknen die Fragen alle aus. Nach dem Erwachen spielt in der Musicbox in Ihrem Kopf dann nur noch ein Song: Es gibt nur BEWUSSTSEIN, und ICH BIN DAS! Beziehungsweise nach ein, zwei Jahren der Erlösung wechselt der Song zu ICH – ICH. Sie fangen mit anderen Worten an, das Leben als QUELLE ohne Form anzusehen und nicht mehr als QUELLE in gestalthafter Erscheinung. Das wird jetzt ziemlich subtil, also lassen wir es besser dabei, bevor ich Sie mit einer unmöglichen Erklärung verwirre. Nur Ihre eigene Erfahrung kann Ihnen die Erklärung geben.

32 | VORHERSAGEN FÜR DEN PLANETEN

Es sind ein paar Magazine auf dem Markt, ich hatte sie früher auch mal abonniert, die sich ausschließlich mit gechannelten Informationen befassen. Die Quellen rangieren von aufgestiegenen Meistern wie Sananda (der frühere Jesus in einem neuen Lichtkörper) bis hin zu kleinen Aliens aus dem Weltraum. Die meisten dieser Informationen beschreiben die ungeheuren Veränderungen, die sich beim Übergang ins 21. Jahrhundert auf dem Planeten ereignen werden. Die meisten Channel machen auch Reklame für ihre vielen Bücher zu diesem Thema, die ihre Vorhersagen weiter verdeutlichen sollen. Die Vorhersagen sind so unterschiedlich und esoterisch, daß sie sich aufgrund der Widersprüche gegenseitig aufheben. Die Mehrheit zeichnet ein Bild vom Menschen, der später einen Lichtkörper besitzen wird, der aus Teilchen oder Wellen, einem hohen und reinen Bewußtsein besteht und vollkommen bewußt ist. Der Mensch in einer aufgestiegenen Form – mehr Engel als Mensch. Sie präsentieren einen Planeten ohne Krieg, Umweltverschmutzung, Hungersnot etc. Mit anderen Worten, genauso wie wir es einrichten würden, wenn wir Gott wären, und wie wir es uns in der Phantasie in einem der vorangegangenen Kapitel ausgemalt haben.

Bei all diesen Vorhersagen läßt sich zwischen den Zeilen herauslesen, daß niemand mit dem Planeten zufrieden ist, so wie er ist. Um all dies zu verändern und für jeden einzelnen besser zu machen, erbitten wir die Hilfe all der aufgestiegenen Meister auf geistiger Ebene und all der Außerirdischen, damit sie uns auf materieller Ebene mit ihrer fortgeschrittenen Technik unterstützen. Demnach weiß die QUELLE entweder nicht, wie man einen ordentlichen Planeten erschafft, oder sie hat ihren Irrtum eingesehen und verbessert jetzt im Neuen Zeitalter alle Fehler.

Sind Sie bereit für eine andere Möglichkeit, eine, in der keine größeren Veränderungen auf uns zukommen? Warum sollte die QUELLE, die einen unstillbaren Durst nach Begrenzung in dieser Welt der Erscheinung hat, sich plötzlich dazu entschließen, praktisch alle Formen der Begrenzung aufzuheben und sie durch unbegrenzte Freiheit ersetzen? Im Ruhezustand erfährt sie ja bereits unendliche Freiheit. Sie gewährt den Wesen gerade so viel Freiheit in der Erfahrung der Begrenzung, daß das Leben als spielerischer Traum tolerierbar und immer noch erfreulich bleibt.

Ich sehe, daß jede bekannte Katastrophe, Krankheit und chaotische Situation eines Tages vom Planeten verbannt sein wird, nur um von neuen und anderen Formen derselben Begrenzung ersetzt zu werden. Ich glaube, das Verhältnis von erwachten PERLEN zu schlafenden Zwiebeln wird immer dasselbe bleiben. Wenn wir all diese New-Age-Anhänger und Sucher, die sich nach unermeßlichen und höheren Bewußtseinsregionen verzehren, zusammenzählen, machen sie – heute und auch in Zukunft – nicht einmal 1% der Weltbevölkerung aus. Sie sind wahrscheinlich diejenigen, die sich auf das Erwachen zubewegen, und aus dem Grunde verzehren sie sich so. Sie empfangen nur die Gedanken und Impulse der QUELLE. Also trachten sie durch die Channel-Medien und Propheten danach, ein neues und prächtiges Bild für diesen müden, alten Planeten zu entwerfen. Sie sind sich sicher, daß es einen Zauberschlüssel oder eine Zauberformel gibt, die das Geheimnis der universellen Erleuchtung aufschließt, wenn sie nur weitersuchen und alles daransetzen und tüchtig auf den Busch klopfen.

Doch lassen Sie mich Ihnen sagen, was für Erfahrungen ich mit diesen Suchern gemacht habe, was auch auf eine Vorhersage für den Planeten hinausläuft. Während ich nicht sehen kann, daß der ganze Planet auf einmal von der dritten Dimension in die vierte übergeht, so sieht es für mich doch so aus, als wären diese 1% sehnsüchtige, brennende Sucher hier und da ab und zu bereits im Übergang in die vierte Dimension begriffen. Diese 1% könnten im Laufe der Jahre sogar zu einem größeren Prozentsatz anwachsen. Aber da ich nicht vorhersehe, daß der gesamte Planet aufsteigt, werden die, die in der vierten Dimension landen, mit dem einen Fuß in der einen und mit dem anderen in der anderen Dimension stehen, zum großen Amüsement der QUELLE.

Noch eine letzte Beobachtung zu all diesen Vorhersagen für den Planeten: Wir dürfen angesichts des menschlichen Dilemmas zwei wichtige Aspekte nicht außer acht lassen. Erstens, wir kennen nie genau die Zukunft oder das Ergebnis von etwas – das ist göttliche Absicht! Zweitens, wir können daran sowieso nichts ändern. Nichtwissen und Machtlosigkeit sind machtvolle Werkzeuge, mit denen die QUELLE das Spiel der Begrenzung in Bewegung hält. Deshalb stehen die Vorhersagen im Raum – um mit Ihnen zu spielen und Ihre Hoffnungen zu erhöhen. Ist die folgende Enttäuschung eine Begrenzung? Darauf können Sie wetten! Also nehmen Sie nicht alles ganz für bare Münze. Egal, was am Ende herauskommt, in der Gleichung von Freiheit und Begrenzung nimmt es sich sowieso nichts!

33 | DIE GROSSEN KOSMISCHEN WITZE

Sie glauben, Sie müßten erleuchtet werden.
Sie sind es schon.

Sie glauben, Sie müßten einem Weg folgen, um dahin zu gelangen.
Es gibt keine Wege.

Sie glauben, Erleuchtung ist ein Ziel.
Es gibt keine Ziele.

Sie glauben, Sie müßten sich verändern und die Welt verbessern.
Es gibt nichts zu tun.

Sie glauben, Sie können Gott in Indien oder Tibet finden.
Sie müssen nirgendwo hingehen. Das BEWUSSTSEIN ist überall dasselbe.

Sie glauben, es spielt eine Rolle, wie Ihre persönliche Geschichte ausgeht.
Es macht keinen Unterschied, ganz gleichgültig wie sie ausgeht.

Sie glauben, Ihre Geschichte sei real.
Sie ist eine Illusion, ein Traum.

Sie glauben, Sie hätten Ihr Leben unter Kontrolle.
Sie sind nur eine Marionette der QUELLE.

Sie glauben, Sie haben einen freien Willen und treffen Entscheidungen.
Es gibt nur das Schicksal in seiner gesetzmäßigen Entfaltung.

Sie glauben, Sie hätten Feinde da draußen.
Da draußen ist nur die QUELLE.

Sie glauben, es gibt eine Zauberformel auf dem Weg zu Gott.
Entspannen Sie sich, Sie sind bereits DARIN zu Hause.

Sie glauben, das Drama jedes einzelnen sei Wirklichkeit.
Es wird alles mit Rauch und Spiegeln erzeugt.

Sie glauben, Gott will höheres Bewußtsein auf dem Planeten.
Die QUELLE ist nur hier, um in Begrenzungen zu spielen.

Sie glauben, Gott macht Sie verantwortlich.
Es gibt kein Karma.

Sie fällen Werturteile – stellen Vergleiche an und haben Meinungen – Vorlieben.
Es gibt nur das, was ist – wie es ist, genau wie es sein sollte.

Sie wollen ein wichtiger und geschätzter Mensch sein.
Seien Sie einfach.

Sie fürchten den Tod als das tragischste Ereignis im Leben.
Der Tod ist das Ende der Begrenzung.

Sie hoffen auf ein besseres Leben in der nächsten Runde.
Es gibt kein sich reinkarnierendes Selbst. Es gibt nur die QUELLE als ICH BIN.

Sie bedauern die Vergangenheit, sorgen sich in der Gegenwart und fürchten die Zukunft.
Sie sind die unendliche QUELLE, die einen spielerischen Traum träumt. Entspannen Sie sich!

Sie sind von verworrenen Verschwörungstheorien fasziniert.
Es gibt nur die sich vergnügende QUELLE.

Sie glauben, Ihr Leben hätte einen Zweck.
Es gibt kein individuelles »Ich«, das einen Zweck verfolgen könnte. Es gibt nur die QUELLE. Diese verfolgt einen Zweck mit dieser Erscheinung. Sie erfahren diesen Zweck nicht mit einem begrenzten Geist.

34 | WAHRHEIT

Das Streben des Menschen nach Wahrheit wird nur von seinem Streben nach Freuden übertroffen. Ein Teil des menschlichen Dilemmas verursacht ein ständiges Jucken, das mit dem Wunsch zusammenhängt, die Wahrheit über alle möglichen Ebenen des Wissens zu erfahren. Aber so sehr wir auch mit Fakten dagegen ankratzen, es hört nicht auf. Es geht einfach nicht weg! Das liegt daran, daß wir es nur mit relativen Wahrheiten zu tun haben, sobald wir Worte benutzen. Jedesmal, wenn wir einen Gedanken denken oder ausdrücken müssen, müssen wir Worte gebrauchen. Diese Worte begrenzen per Definition das Verständnis einer Idee, entweder hinsichtlich der Bedeutung oder der begrenzten Reichweite. Es ist deshalb kein Wunder, daß wir unseren Durst nach Wahrheit nie stillen können. Es sieht so aus, als würde jede Antwort auf eine metaphysische Frage lediglich zwei weitere Fragen aufwerfen und das bis ins Unendliche. Und wie bei allen Aspekten des menschlichen Dilemmas erzeugt dies in uns ein Gefühl der Begrenzung, wenn wir die Wahrheit, nach der wir suchen, nicht erkennen. Man glaubt, man hätte sie schon fast, man muß sich nur noch ein bißchen weiter ausstrecken, und dann entsteht gerade durch die Suche nach Wahrheit mehr Begrenzung im menschlichen Dilemma.

Es gibt jedoch eine absolute, endgültige und höchste Wahrheit, die alle anderen relativen Wahrheiten einschließt. Die Zwickmühle dabei besteht allerdings darin, daß man zum Verständnis der absoluten Wahrheit den Verstand nicht benutzen kann, sondern man muß sie mit intuitiver Erkenntnis aufnehmen, und diese übersteigt die Fähigkeit des Verstandes. Diese Art der intuitiven Erkenntnis, die ich als PERLENSICHT bezeichne, steht einem nach dem Erwachen zur Verfügung. Zwiebeln kommen da einfach nie ran! Die andere Zwickmühle besteht darin, daß wir diese absolute Wahrheit in Worte fassen müssen, damit wir sie Ihnen überhaupt im Äußeren mitteilen und Sie sie hören können, und damit wird sie gleich wieder zu einer relativen Wahrheit. Aber das ist nur ein Problem für Zwiebeln, nicht für PERLEN.

Soweit ich weiß, hat nur ein einziger Weiser diese absolute Wahrheit nach seinem Erwachen jemals mit Worten formuliert. Das war Ramana Maharshi, die Verkörperung der Einfachheit. Betrachten Sie das folgende als seine heilige Schrift, wenn Ihnen der Gedanke zusagt. Er sagt:

> »Es gibt weder Schöpfung noch Auflösung.
> Es gibt keinen Weg und kein Ziel.
> Es gibt weder freien Willen noch
> Vorbestimmung.«

Das ist es! Das ist die einzige absolute Wahrheit. Und in relativen Begriffen bedeutet diese absolute Aussage: Es gibt nur BEWUSSTSEIN als QUELLE.

Die QUELLE ist entweder unmanifest im Ruhezustand, oder die QUELLE ist manifest in Erscheinung.
Wenn sich die QUELLE in der Erscheinung befindet, hat sie die Form eines Traums.
Wenn man einen Traum erfährt, kann man nicht sagen, daß das Geschehen real sei, ganz gleichgültig wie realistisch es erscheinen mag.

Wenn die QUELLE in Erscheinung tritt, manifestiert sie sich in der *Schöpfung* des Universums.
Wenn sie in den Ruhezustand zurückkehrt, *löst* sie ihre manifeste Schöpfung *auf*.
Für die Dauer dieser Erscheinung gehört es zum menschlichen Dilemma, daß man einen *Weg* sucht und ihm folgt, der zu einem bestimmten Ziel führt – entweder zu Gott als geistigem Ziel oder zum totalen Überfluß als materiellem Ziel.
Der Mensch, gefangen in seinem Dilemma, hat das Gefühl, einen *freien Willen* zu besitzen und damit sein Leben zu bestimmen.
Aber die Erwachten sagen uns, daß alles auf *Vorbestimmung* und Schicksal beruht.

Wir können also in diesem Traum der Erscheinung die relative Wahrheit, daß die QUELLE die Schöpfung zunächst hervorbringt und dann auflöst, überschreiten.

Nach dem Überschreiten dieser Schöpfung spielt der Gegensatz freier Wille – Vorbestimmung offenbar keine Rolle mehr, und dasselbe gilt für Wege und Ziele.

Ramana meint mit dem Gesagten folgendes: Wenn dich die in allen relativen Wahrheiten enthaltenen Widersprüche verwirren, weil sie Teil der Dualität sind und sich alle entgegengesetzten Polaritäten in der Mitte treffen und sich dort gegenseitig aufheben, dann mach dir darüber keine Sorgen! Geh noch einen Schritt über alle relativen Wahrheiten hinaus und sei dir der absoluten Wahrheit gewiß, daß all dies nie wirklich geschehen ist, weil relative Träume vor der absoluten Wirklichkeit nicht zählen.

Damit liefert die PERLENSICHT eine Erklärung für all die sich wild widersprechenden »Wahrheiten«, die man im Umgang mit dem menschlichen Dilemma sein Leben lang hört. Alle haben ihre eigene relative Wahrheit, die sie nicht nur verkünden, sondern nach der sie auch handeln. Diese Wahrheit und dieses Handeln können uns schrecklich kränken, und wir durchschauen vielleicht die Fadenscheingkeit ihrer Wahrheit und halten ihre Handlungen für rücksichtslos. Nehmen wir als Beispiel einen islamischen Terroristen aus dem Mittleren Osten, dessen Wahrheiten bei einigen Israelis Chaos und Zerstörung hervorrufen. Dennoch kann ich in dem, was der Terrorist sagt, eine innere Logik sehen, die nur ihm deutlich ist. Er hat nicht nur eine innere Logik für seine Äußerungen und Handlungen, sondern diese Logik bzw. »relative Wahrheit« kommt direkt und ausschließlich von der QUELLE, und zwar als äußerst intensiver Ausdruck des menschlichen Dilemmas, dessen sich die QUELLE so sehr erfreut. Sie können also im Umgang mit den vielen ungeheuerlichen und widersprüchlichen Wahrheiten, denen Sie täglich begegnen, über den großen kosmischen Witz lachen und jedem einzelnen mit tiefer Hochachtung vor der QUELLE hinter der jeweiligen »Wahrheit« ein leises »Namaste« zuflüstern.

Als diese absolute Wahrheit, von der wir hier sprechen, zu einem zentralen Thema meiner Erlösung geworden war, war meine Suche nach sämtlichen relativen Wahrheiten vorüber. Alle relativen Wahrheiten und alles relative Wissen wurden zu solch einer Last, daß sie mich zu stören anfingen. Es war ungefähr so, als würde man eine lange Autofahrt antreten. Wir haben Gepäck dabei. Wir können das Gepäck für die Dauer der Fahrt auf dem Boden abstellen oder es uns auf den Kopf laden. Wir kommen so oder so genau am selben Ziel an; auf die eine Weise vom Tragen dieses ganzen Gewichts völlig erschöpft und auf die andere Weise entspannt und sorglos, weil der ganze Kram verstaut war. Ungefähr so wirken jetzt sämtliche Worte, Erkenntnisse und Theorien auf mich. Ich genieße die schiere Einfachheit dieser einen absoluten Wahrheit, und alle anderen relativen Wahrheiten sind jetzt bedeutungslos. Ah! Das Leben ist gut!

35 | FREIHEIT

Wie ich schon gegen Anfang dieser Geschichte über Erwachen und Erlösung gesagt habe, ist das Bedeutende an der Freiheit das Glücksgefühl. Das war das erste Anzeichen, daß in meiner normalen Zwiebelkonditionierung des menschlichen Dilemmas etwas ganz Plötzliches und Dramatisches geschehen war. Wie wichtig dieses werden sollte, wurde mir dann allmählich im Verlauf der Erlösung offenbart.

In meinem Verlangen nach der Mystik des Ostens hatte ich meinen Hunger nach Erleuchtung und dem Weg dorthin mühsam zu stillen versucht. Ich studierte alle Schriften und alle Heiligen und Weisen. Statt Ihnen all die Namen und Lehren aufzulisten, versuche ich, Ihnen eine Zusammenfassung zu geben. Die meisten waren sich hinsichtlich der EINHEIT mit der QUELLE einig, unabhängig davon, wie sie sie nannten. Aber wenn es um den Weg dahin und das Aufrechterhalten der Verbindung oder auch die Verbesserung der eigenen Position danach geht, habe ich große Schwierigkeiten, dies mit der Erfahrung des Erlösungsvorgangs in Einklang zu bringen.

Obwohl diese Weisen darin übereinstimmen, daß wir dem Wesen nach Gott sind, nehmen sie unausgesprochen an, daß alles da draußen im Universum als das EINE, als Gott existiert – und trotzdem gibt es immer noch mich. Das will mir nicht in den Kopf. Sie raten einem, all diese Kasteiungen zur Selbstreinigung zu praktizieren. Dann betonen sie in hohem Maße das Böse, schlechtes Karma, vergangene und folgende Leben durch die Wiedergeburt, Gebet, Demut und unendlich viele Ge- und Verbote. Mit einem Wort, Begrenzung hin zu mehr Verengung aufgrund von bestimmten Moralvorstellungen. Diese Art von Erlösung ist die Norm für Weise nach dem Erwachen und kann nur von der QUELLE kommen. Was sollte ich sonst sagen? Außer, daß ich Sie frage: »Erfahren wir womöglich die Morgendämmerung eines neuen Zeitalters der Erlösung, das sich um das Ende der Begrenzung und den Beginn einer neuen Freiheit dreht?

Als ich erkannte, daß es nur BEWUSSTSEIN gibt, dann sollte das nicht heißen, es gibt nur BEWUSSTSEIN, und hier ist auch noch das kleine alte Ich, das sich dessen bewußt ist. Nein! BEWUSSTSEIN – ICH BIN DAS – leb wohl, kleines, separates Ego. Hallo EINHEIT! Da ich also eins war mit der QUELLE und die QUELLE selbst, fiel ich kopfüber in die Unermeßlichkeit der QUELLE im Ruhezustand, wo alles wahrhaft gut ist, so wie es ist. Totale absolute Freiheit, um sich zu entspannen und jegliche und sämtliche alten Vorstellungen von der Veränderung oder Verbesserung der Welt hin zu etwas Größerem, Reinerem oder Höherem im Bewußtsein loszulassen. Wie denn auch? Es ist alles vollkommen, so wie es ist! Ich fragte mich immer wieder: WOVON REDEN DIESE LEUTE BLOSS? Entgegen ihren Geboten fühle ich keinerlei inneren Drang, den Hungrigen zu essen zu geben, die Unwissenden zu belehren oder die Süchtigen zu retten. Bin ich jetzt verrückt, bin ich dem Leiden anderer gegenüber gefühllos? Ich habe auch mal an diese Dinge geglaubt. Vernachlässige ich meine eigene Praxis, indem ich jede spirituelle Technik, die ich jemals ausgeübt habe, jetzt als total unbedeutend aufgebe? Aber ich kann jetzt nur noch die völlige Freiheit von jeglichem Handeln fühlen – von allen absichtlichen Bemühungen, um dem GEIST den Hof zu machen.

Ich kann mich nur noch der Erkenntnis ergeben, daß die QUELLE jede Kleinigkeit unter Kontrolle hat und als SCHICKSAL gesetzmäßig zur Entfaltung bringt. Wenn die QUELLE mich als besonderes Instrument benötigt, dann kommt ein Obdachloser zu mir und bittet mich um eine Mahlzeit. Ein suchender Geist bittet mich um Satsang. Es stimmt auch, daß ich niemanden, der mich um etwas bittet, zurückweisen kann, wenn ich das habe, was er will, denn es ist für mich das Spiel der QUELLE, die mich bittet. Andererseits kann ich auch nicht um etwas anderes bitten, denn eben diese QUELLE weiß, was sie braucht und gibt ohne zu fragen, ohne daß ich überhaupt daran denke, was ich brauche.

Ich kann nicht losgehen und nach Leuten suchen, um sie heilzumachen. Die geläufige östliche Tradition des Dienstes an der Menschheit als Weg zu Gott paßt nicht zu meinem neuen Freiheitsgefühl. Wenn die QUELLE einen Dienst wünscht, dann wird er getan, mit mir, ohne mich, trotz meiner, aber niemals wegen meiner. Es werden keine Freiwilligen gebraucht; Sie werden Ihren Namen aus dem Lautsprecher hören, wenn Sie aufgerufen werden. Und ich brauche auch keine meiner Prädispositionen in meiner eigenen genetischen Persönlichkeitsstruktur auszubessern. Wenn mich die QUELLE anders haben will, werden alte Gewohnheiten und Konditionierungen ganz natürlich wie tote Haut von mir abfallen. Das konnte ich schon in den letzten Jahren beobachten. Keine selbst auferlegten Selbsthilfetechniken mehr, um meinen Stand bei der QUELLE zu verbessern. ICH BIN DIE QUELLE, so wie ich bin! Weshalb sollte ich es anders haben wollen?

Bekommen Sie ungefähr eine Ahnung von der Art Freiheit, die mich jetzt in jedem Augenblick trägt? Die Veränderung in der Erfahrung von extremer Begrenzung hin zu totaler Freiheit war so plötzlich und so vollständig, daß meine engsten Vertrauten mich nur ungläubig anstarrten, als ich es ihnen zu erklären versuchte. Es gab Zeiten, wo ich glaubte, die unerträglichen psychotischen Bedingungen in diesem Distriktgefängnis hätten mich verrückt gemacht. Aber man kann die nicht endende, ständig zunehmende Freude und den Frieden dieses Glücksgefühls einfach nicht anzweifeln. Das ist, abgesehen von der Erfahrung selbst, meine beste Bestätigung, daß diese Freiheit real und nicht trügerisch ist und der erwachten Erkenntnis dessen entströmt, was ich bin. Wenn das Verrücktsein ist, dann leben wir in einer verrückten Welt innerhalb des Glücksgefühls.

Ich fordere Sie auf, diese Freiheit zu finden, die in allen traditionellen Lehren oder im herkömmlichen Wissen beschriebene Freiheit, bei der kein zusätzlicher Dienst, Satsang oder Meditation notwendig sind. Wir haben vorhin erwähnt, daß die New-Age-Anhänger einen radikalen Wechsel im Bewußtsein des Planeten erwarten. Sie rechnen mit einem massiven Aufsteigensvorgang, der uns vom menschlichen Dilemma befreien soll. Wer weiß? Vielleicht haben sie recht, und es gibt eine Veränderung, aber könnte es nicht auch sein, daß die QUELLE jetzt ein neues Element in die gesetzmäßige Entfaltung einführt? Könnte die Veränderung in der Freiheit von der Konditionierung liegen, die besagt, daß wir uns selbst und andere dahingehend verändern müssen, daß wir den bestehenden Zustand verbessern? Ist dies der Anfang vom Ende des Karma? Ist dies das Signal für die QUELLE zur Veränderung der Begrenzungsregeln in unserem menschlichen Dilemma?

Anstelle von New Age sollten wir es das Zeitalter der Freiheit nennen. Das Gesetz Mose gebar mit dem »Auge um Auge, Zahn um Zahn« das Zeitalter des Karma! Buddha gebar das Zeitalter des Mitgefühls. Jesus gebar das Zeitalter der brüderlichen Liebe. Die Hauptbotschaft Mohammeds war Gnade – und wir haben das Zeitalter der Freiheit. Freiheit, die uns nicht mit der Trauer über das Leid anderer zermürbt, denn es gibt keine anderen. Es gibt nur die QUELLE als ICH BIN, die das Spiel der Begrenzung im Dilemma des Menschen träumt.

Aber sagte ich nicht, daß das Leben eines jeden und jede Situation in diesem Leben aufgrund der Gleichung Freiheit und Begrenzung in demselben Maße umfassen? Wenn also heutzutage Freiheit die alldurchdringende Erfahrung des Glücksgefühls ist, wie steht es dann mit der Gleichung von Freiheit und Begrenzung? Die Begrenzung hierbei ist folgende: Es ist niemand zu Hause, der die Freiheit persönlich genießen könnte. Aus diesem Grund: Wenn Sie die Wahl hätten zwischen 10 Millionen Dollar und dem Erwachen, dann greifen Sie schnell zu und nehmen das Geld! Dann ist wenigstens jemand zu Hause, der eine Zeitlang Spaß daran hat!

Ich erinnere mich noch lebhaft, wie mir während des Erwachensprozesses süße Schauer der Freude und des Lachens durch den Körper gingen, als ich die Vergeblichkeit jeglicher spiritueller Praxis erkannte. Nach dieser Erkenntnis hörten meine Ablenkungsversuche zur Bekämpfung der Langeweile schlagartig auf. Vor dem Gefängnisaufenthalt war es mehr

Hedonismus, eine Möglichkeit, die es hinter diesen Mauern natürlich nicht gibt. Jene ersten Aufwallungen von Freiheit, die über mir niedergingen wie Wellenbrecher beim Surfen – beständig und erfrischend. Die Suche und das Bemühen sind vorbei! Ob ich mich noch ein Deut in meinem spirituellen Streben verändere oder nicht, hängt nicht nur nicht von »mir« ab, sondern es ist auch nicht möglich, Absicht oder Willenskraft einzusetzen, und außerdem ist es nicht einmal wichtig. Da ist nicht mal ein »Ich«, das es zu verbessern gilt!

In diesem ersten Aufsteigen des Freiheitsgefühls konnte ich sehen, daß dem enormen Chaos, das Saddam Hussein im Mittleren Osten anrichtete, ein Wert innewohnt, dem Mutter Theresas Bemühungen um die Leprakranken in Indien als Ausgleich gegenüberstand. Für die QUELLE besteht da kein Unterschied. Wenn ich die Not in der Welt irgendwie lindern oder die Lage durch meinen freien Willen verbessern könnte, würde ich der QUELLE gehörigen Streß bereiten. Sie müßte dann das ganze Universum umgestalten, um diesen neuen Faktor auszugleichen, weil der im ursprünglichen Plan nicht vorgesehen war. Wie könnte ich es also wagen! Was für eine Anmaßung!

Mit der Freiheit kommt die Erkenntnis, daß es im Universum keinen Ort gibt, weder in der Kathedrale noch im Bordell, wo Bewußtsein mehr oder weniger vorhanden ist als anderswo. Keine Aktivität ist mehr oder weniger spirituell als eine andere, weil alles Handeln von der QUELLE ausgeführt wird. Es gibt keine Umgebung, die den Geist mehr anzieht oder abstößt, denn alles ist GEIST. Einfach zu sein, nichts zu tun ist genauso die GEGENWART der QUELLE wie die Bekämpfung des Hungers in der Welt.

Ich möchte Ihnen dies durch ein paar persönliche Erfahrungen weiter verdeutlichen. Kulisse ist der Gefängnishof. Szene 1: Ich bin morgens um 6 Uhr zur Tür draußen, damit ich etwas Frieden und Ruhe für die Meditation in einer Ecke des Hofs finden kann. Mitten im glückseligen Schnurren der GEGENWART kommt ein Trio junger Bandenrowdys genau zu meiner Stelle, weil die am weitesten von »dem Mann«

entfernt liegt. Sie reden alle auf einmal in einer Art lautem Hip-Hop. Automatisch schaltet die Erlösung in einen anderen Gang. Die QUELLE will jetzt offenbar keine ruhige Meditation, sondern eine kleine Party. Also strecken wir uns symbolisch in der GEGENWART aus, um die Eindringlinge als Teil des Meditationsprozesses zu integrieren, der jetzt von einem Schnurren zu einem Straßen-Rap geworden ist. In beiden Situationen ist die QUELLE gleichermaßen gegenwärtig. Die Zwiebelkonditionierung sagt allerdings, daß eine ruhige Meditation dem spirituellen Wachstum zuträglicher ist als lauter Rummel. Die PERLENSICHT sieht nur die GEGENWART des BEWUSSTSEINS, wie es in beiden Szenarien gleichermaßen spielt, unterschiedlich ist nur die Erscheinungsweise.

Szene 2 (immer noch die lebhafteste in meiner Erinnerung): Mein Musikgeschmack liegt eher in der Klassik als beim Pop, und Heavy Metal läßt mich erschaudern. Nach zwei Jahren des Einsitzens in dem Distriktgefängnis, wo 24/7 nichts anderes als »Gangsta-Rap« aus Ghettoblastern dröhnte, leide ich immer noch, wenn ich es höre, an einem posttraumatischen Streßsyndrom. Nach dem Weckruf saß ich also eines Tages in einer ruhigen Ecke in der Meditation, und jemand setzte sich mit einem Radio, aus dem laute Rap-Musik ertönte, direkt neben mich. Daraufhin fühlte ich, wie die QUELLE diese Kakophonie in meinen inneren Raum integrierte, und operierte somit auf zwei Ebenen. Mit einem Teil war ich immer noch im Bewußtsein der GEGENWART, und mit dem anderen ließ ich den Rap zum Bestandteil der GEGENWART werden. Urplötzlich hatte ich eine außerkörperliche Erfahrung, als sich die Rap-Musik in die schönsten himmlischen Klänge und Farben verwandelte, die ich als Mensch zuvor noch nie erfahren hatte. Voller Ehrfurcht versuchte ich herauszufinden, was da vor sich ging, als eine klare, innere Stimme sagte: »Dies ist die Art und Weise, wie die QUELLE Rap-Musik hört!« Damit hatte ich's! Diese Erfahrung hat mir die Rap-Musik zwar nicht nähergebracht, weil ich sie immer noch als dreidimensionalen Klang wahrnehme, aber sie hat mir deutlicher gemacht, was es heißt, die Dinge in ihrem

Sosein und ihrem So-genau-Richtigsein in mein Bewußtsein zu lassen.

Noch ein anderes Beispiel für diese Freiheit: Angenommen, Sie wachen morgens auf und meditieren normalerweise um diese Zeit, aber an diesem Morgen haben Sie eher Lust, einen Ski-Langlauf zu machen als zu meditieren. Was ist für Ihr »spirituelles Streben« besser? Für die QUELLE ist beides identisch, und Sie brauchen keine Gewissensbisse zu haben, wenn Sie schließlich doch skilaufen anstatt zu meditieren. Dies ist zunächst einmal völlig hypothetisch, weil Sie ja sowieso keine Entscheidungsfreiheit haben. Die QUELLE wird Sie ihrer gesetzmäßigen Entfaltung entsprechend lenken, wohin das auch gerade sein mag. Ihre Freiheit liegt in der Erkenntnis, daß die QUELLE die Fäden in der Hand hat. Sie sind der Realität näher, wenn Sie skilaufen und wissen, daß die QUELLE der Handelnde ist, als wenn Sie zu Hause bleiben und meditieren, ohne zu wissen, daß die QUELLE meditiert, und daran denken, daß Sie für weitere spirituelle Pluspunkte auf Ihrem Weg etwas Schönes ausgeschlagen haben.

Aus diesem Grund ist das Verlangen nach Gott bzw. Spiritualität genau dasselbe wie das Verlangen nach einer Million Dollar. Beides beruht auf dem Mißverständnis, daß ein separates Selbst als »Ego« nach etwas außerhalb seiner selbst sucht, ob das nun Gott oder materieller Gewinn ist.

So, meine lieben Brüder und Schwestern, das ist vielleicht das erstemal in Ihrem Leben, daß Sie die wahre Botschaft und Kostprobe von der Freiheit bekommen. Einige Erwachte haben Berichte über ihr Leben nach dem Erwachen als Richtlinien für einzuhaltende Gebote und Verbote hinterlassen. Grundsätzlich wird empfohlen, sich von allen Sinnesobjekten abzuwenden und die Wirkung des Karma – gutes oder schlechtes – für den Fortschritt im Leben zu beachten. Aber das Zeitalter des Karma ist jetzt vorbei. Es hat nie wirklich existiert, außer als Vorstellung der Konditionierung, die wir als Menschen mit dem Dilemma in die Wiege gelegt bekamen. Ich sage Ihnen jetzt, daß es der QUELLE in meiner Freiheitserfahrung von ihr als dem EINEN, als dem einzigen »Handelnden« in der Welt egal ist, was für eine Rolle Sie als Projektion der QUELLE spielen. Es ist alles dasselbe! Wir können uns jetzt entspannt zurücklehnen und über den riesigen kosmischen Witz lachen, den wir überall um uns herum in unserem neu gefundenen Zeitalter der Freiheit am Werk sehen. Wenn Sie auch nur eine Botschaft aus diesen Aufzeichnungen mitnehmen, dann diese:

> Sie haben die Freiheit, genauso zu sein, wie
> Sie jetzt gerade sind.
> Alle Veränderungen in Ihrer Persönlichkeitsstruktur werden von der QUELLE kommen.
> Alles ist genau so, wie es sein sollte – alles ist
> richtig – alles ist gut!

36 | VERSCHWENDETE ZEIT

Meine Mitinsassen beklagten sich am meisten über die Frustration (Begrenzung), die sie hinsichtlich der im Gefängnis »verschwendeten« Jahre empfanden. Zeit, die man ihnen genommen hatte, in der sie etwas Produktiveres hätten »tun« können. Zeit war jetzt verlorengegangen, die nie zurückgebracht werden konnte. Sie waren ihrer Jugend beraubt, die durch das Alter und die bitteren Erinnerungen an das Eingesperrtsein ersetzt wurde.

Ähnlich ist das Szenario für all diejenigen, die vom menschlichen Dilemma in eine Situation gesperrt wurden, in der sie durch Verletzungen oder degenerative Krankheiten zu eventuell lebenslanger Unbeweglichkeit verurteilt sind. Sie haben das Gefühl, ihr Leben und ihre Zeit seien verschwendet, da sie einen wichtigen Teil ihrer Freiheit verloren haben: ihre Mobilität in einem gesunden Körper. Sie fühlen sich noch mehr benachteiligt als die Gefangenen, weil es für Gefängnisinsassen zumindest noch etwas Licht am Ende des Tunnels gibt, wenn sie keine lebenslange Haftstrafe abbüßen. Was ist mit all den Millionen Wesen, die in einer Lebenssituation festsitzen, in der sie sich gefangen fühlen, wie z.B. in einem Leben jenseits der Armutsgrenze, in Ghettos, Kriegsgebieten, Hungerzonen, toten Ehen, Jobs ohne Aufstiegsmöglichkeiten? Sie alle »verschwenden nur ihre Zeit« und versuchen zu überleben. Klar, die QUELLE kann aus all diesen Menschen mit dem Zeitverschwendungssyndrom eine enorme Menge an Begrenzungserfahrung herausmelken. Und dennoch spreche ich dieses Thema nur an, weil die Art meiner Erlösung eindeutig durch das Aufwachen in einer Umgebung der »Zeitverschwendung« – dem Gefängnis – beeinflußt wurde.

In der ersten Zeit nach meiner Verhaftung lastete der Druck der toten Zeit schwer auf mir. Ich fühlte mich wie jeder andere davon zerschlagen. Ich wechselte vom Umrunden der Welt in meinem Privatflugzeug und meinem Segelboot zu einem zweijährigen Gefängnisaufenthalt mit 32 Leuten in einem Raum von der Größe einer durchschnittlichen Küche. Wir konnten nichts tun, nirgendwo hingehen, und das Einatmen der stickigen Hitze und der Körpergerüche schwächte uns zusehends. Das Unangenehmste war für mich aber nicht die physische Belastung, nicht einmal die Anstrengung, in einer ghettoähnlichen Kriegszone zu überleben, sondern vielmehr der Verlust von wertvoller Zeit – die war für immer den Bach runter!

Als dann der Weckruf und die Erlösung einsetzten, veränderte sich all dies drastisch. Der Angst und zusätzlichen Streß erzeugende Faktor der »toten Zeit« machte einem neuen Gefühl der Dankbarkeit für jeden Augenblick der Bewußtheit, des Lebendigseins Platz und damit dem Gefühl, die GEGENWART in der ursprünglichen Unschuld wiedererlangt zu haben. Und das inmitten der Umgebung und der Bedingungen des bedrückenden Gefängnislebens.

Stellen Sie sich das menschliche Dilemma als Schleier vor, der diese reine PERLE des BEWUSSTSEINS, unser wahres Wesen, verhüllt. Plötzlich wird der Schleier weggenommen. Wir können jetzt klar sehen, was zuvor unsichtbar oder sehr undeutlich war. Was sehen wir jetzt?

> Wir sehen, daß Bewußtsein in gleichem Maße überall und hier und jetzt uneingeschränkt gegenwärtig ist.
> Wir sehen, daß es z.B. in Sedona, Arizona, keine größere Konzentration an »höherer Energie« gibt als im Gefängnisgebäude.
> Wir sehen, daß es keine Situation gibt, die der vollen Aufnahme von innerer Weisheit mehr oder weniger zuträglich ist als andere.
> Wir sehen, daß es im Rahmen des menschlichen Dilemmas nichts zu tun oder nicht zu tun gibt.
> Wir sehen, daß es genügt, einfach als lebendiges Instrument der QUELLE hier zu sein.
> Wir sehen, daß das Verständnis und das Be-

wußtsein dessen, was wir sind, sowie das Gefühl der GEGENWART der QUELLE zum Kernthema der Existenz werden.
Wir sehen, daß »tote Zeit« uns in wertvoller Weise dabei hilft, aus Ablenkungen auszusteigen und uns in diesem Verständnis zu entspannen.
Wir sehen, daß das Glücksgefühl des Entbundenseins von sämtlichen illusorischen Sorgen des menschlichen Dramas direkt aus dem ewigen Brunnen der QUELLE im Zentrum all dieser »verschwendeten Zeit« kommt.

Wenn wir dies nicht nur sehen, sondern auch fühlen und intuitiv erkennen, dann ist eine Situation wie die andere – innerhalb oder außerhalb des Gefängnisses – in oder außerhalb eines Rollstuhls – in oder außerhalb einer Entziehungsanstalt. Anstatt daß wir um die Welt reisen und die schönsten Naturreservate besuchen, können wir an einem Ort bleiben, ruhig sein und die QUELLE genießen, die all diese Schönheit genau hier, gerade jetzt und bedingungslos projiziert! Manchmal wundere ich mich, daß ich nach diesem Erwachen immer noch in einem menschlichen Körper stecke. Durch die Entfernung des Schleiers der Konditionierung hat die QUELLE eigentlich ihre Erfahrung der Begrenzung durch das Instrument meines Körper/Geist-Organismus eingeschränkt.

Wenn Sie jetzt diese Worte lesen und »verschwendete Zeit« für Sie selbst ein Thema ist, sei es nun eine weniger schwerwiegende Situation wie das Steckenbleiben im Verkehr oder eine lebenslange Lähmung der Gliedmaßen, die Sie an ein Atemgerät fesselt, dann wissen Sie, daß die QUELLE aller Freiheit, Freude und Schönheit mitten in Ihrem Bewußtsein liegt, das diese Vorstellungen lesen und verstehen kann. Die Zeit ist eine Konstante in unserer Erfahrung des menschlichen Dilemmas, um die Dinge so zu akzeptieren, wie sie sind, und »wie sie sind« bedeutet, *genauso wie sie sein sollten*!

Da jeder Mensch in das menschliche Dilemma hineingeboren wurde, muß er sich folglich auch mit dem Gefühl des Festsitzens und der Frustration in Zeiten von mehr oder weniger »verschwendeter Zeit« auseinandersetzen. Das ist so, wie es sein sollte! Das bedeutet, daß die QUELLE ihren Plan für uns menschliche Projektionen gut umsetzt. Es bedeutet nicht, daß wir uns wehren und kämpfen müssen, um die Situation zu verändern, aus ihr herauszukommen oder, wenn nichts anderes hilft, uns einfach in Ablenkungen zu verlieren, bis sie vorbei ist. Falls Ihnen bisher die wunderbare Gnade zuteil geworden sein sollte, daß Sie sich damit noch nicht auseinandersetzen mußten, dann können Sie sich immer noch auf die Gebrechlichkeit des Alters freuen. Aber keine Sorge! Wie in jeder Situation des menschlichen Dilemmas gilt auch in diesem Bereich immer die Gleichung von Freiheit und Begrenzung in jeder Form von Begrenzung.

Mir geschah etwas Lustiges im Umgang mit der sogenannten »toten Zeit« im Gefängnis. Wenn Sie den Film *Ghost* gesehen haben, können Sie mit meiner Beschreibung wahrscheinlich mehr anfangen. Nachdem Patrick Swayze getötet wird, irrt er als körperloser Geist umher, nimmt alle Sinnesobjekte wahr, kann aber nicht mit ihnen in Interaktion treten. Er wird fast verrückt vor Ärger, weil er seine Verlobte vor Schaden bewahren will und zunächst nicht dazu in der Lage ist. Nach dem Tod meiner Ego-Persönlichkeit durch den Weckruf fühlte ich mich im Verlauf der Erlösung beim Durchstreifen des Gefängnisgeländes wie dieser Geist. Aber ich versuchte nicht, etwas zu verändern oder zu verbessern. Ich hatte das Gefühl, der GEIST hätte mich auf eine spezielle Mission geschickt, um einfach über die Bedingungen auf der Erde in diesem spezifischen Gefängnis zu berichten. Nicht um die verschiedenen Möglichkeiten zu beurteilen oder zu vergleichen oder eine Meinung darüber zu haben, geschweige denn eine Vorliebe für die eine oder andere zu entwickeln. Kurz, ein Geist, ein stiller Zeuge im von Wahlmöglichkeiten freien Bewußtsein des Lebens im GROSSEN HAUS. Nachdem ich mich mein Leben lang gegen das, was ist, zugunsten dessen, wie ich es haben wollte, gewehrt hatte, war diese neue Rolle aufgrund der

GNADE und der Erlösung etwas Wunderbares. So fand ich Freude in diesem Haus des Schreckens. Ich lachte solange über diesen großen kosmischen Witz, bis mir die Tränen kamen. Und am Ende erkannte ich schließlich, daß es keine Rolle spielt, ob ich jemals rauskomme. Es ist alles dasselbe, egal wo man ist. ICH BIN DAS!

37 | »WER SPRICHT DA WORTE MIT MEINEM MUND?« – RUMI[23]

Die meisten Selbsthilfebücher, die Sie gelesen haben, und die meisten Workshops und Seminare, an denen Sie teilgenommen haben, dürften Ihnen praktische Prinzipien zum Erreichen gesteckter Ziele mitgegeben haben. Ich habe Ihnen bereits meine Absicht mitgeteilt, daß dieses Buch eine Geschichte über das Erwachen sein soll und kein Weg dahin. Es kann Ihnen allerdings ein paar Hinweise darauf geben, wo Sie im menschlichen Dilemma gerade stehen.

Bedenken Sie, daß alle individuellen Körper/Geist-Organismen ins menschliche Dilemma hineingeboren sind. Dies ist so konstant wie das Gesetz der Schwerkraft. Es ist immer gegenwärtig, da unser Intellekt so angelegt ist, daß er bewertet, und Bewertungen versetzen uns ins menschliche Dilemma. Aber innerhalb des menschlichen Dilemmas gibt es verschiedene Schichten oder Ebenen von Angenehmem oder Unangenehmem. Diese Ebenen werden davon bestimmt, ob wir bewerten und uns gegen das, was ist, wehren oder ob wir das, was ist, als Projektion der QUELLE annehmen. So können wir sagen, daß Bewußtsein und Ergebung mehr oder weniger die natürlichsten Zustände eines erwachten Menschen sind.

Aber diese Erlösung von der lebenslangen Konditionierung, in der wir alles bewerten und uns gegen das wehren, was wir nicht mögen, geschieht nicht über Nacht. Nach dem Weckruf finden wir uns häufig in der Situation, wo wir ein gewisses Gefühl der GEGENWART, das Glücksgefühl der QUELLE genießen, und dann wird uns plötzlich bewußt, daß jemand anders Worte in unserem Gehirn spricht, die ganz nach einer bewertenden Zusammenfassung des gegenwärtigen Geschehens klingen. Solche Worte gehen oft mit dem unangenehmen Bewußtsein einher, daß wir aus der Rolle des gleichmütigen Zeugen herausgefallen sind. Bedeutet das nun, daß wir während unseres kurzen Bewertungsabstechers nicht eng mit der QUELLE verbunden sind? Nein. Es bedeutet nur, daß die QUELLE durch unseren Körper/Geist-Organismus aus irgendeinem Grunde noch einmal ins menschliche Dilemma eingetaucht ist. Aber diesmal ist es anders! Wir bleiben verbunden, weil wir wissen, was geschieht, und das plötzliche unangenehme Gefühl zeigt nur an, daß sich die QUELLE durch uns bewegt. Dies gibt uns Gelegenheit, einen tiefen Atemzug des Bewußtseins zu tun und in die Unermeßlichkeit der QUELLE zurückzufallen. Die QUELLE gibt uns sozusagen einen kleinen Schubs, damit wir uns vergewissern, daß die QUELLE die einzig gegenwärtige Energie in der uns angreifenden Person ist und nur sie allein durch die Person handelt. Anstatt mit unserer kleinen Bewertung einen Rückschritt im Bewußtsein getan zu haben, sind wir vielmehr im Gewahrsein der QUELLE einen Schritt vorwärts gekommen.

Ein Mensch, der immer noch in der Unwissenheit der Präkonditionierung schläft, kann sich nicht vorstellen, weshalb ihm plötzlich vorüberziehende Gedanken, d.h. von der QUELLE an den Empfänger des Gehirns übertragene Worte unangenehm sein sollten. Diese QUELLE ist wie die Lichtenergie, die von der Sonne ins Gehirn gelangt. Wenn sie direkt empfangen wird, kommt sie als reines, weißes, heilendes Licht herein. Wenn sie durch das Prisma des Verstandes empfangen wird, zerteilt sie sich in vielfältige verzerrte Formen und ungewohnte Farben. Aber der Punkt hierbei ist, daß es sich in beiden Fällen um dasselbe Licht handelt. Und das Bewußtsein des durch den Widerstand verzerrten Bildes oder die direkte Annahme des Bildes als QUELLE ist so oder so dasselbe Bewußtsein der QUELLE!

Wenn also die QUELLE anfängt, durch Ihren Verstand zu sprechen, und damit Werturteile und Unbehagen hervorruft, dann seien Sie gewiß, daß alles in Ordnung ist, und seien Sie für das Bewußtsein über diese Abläufe dankbar. Dies gehört zur Erlösung und wird im Laufe der Zeit bestimmt nachlassen. Der Lackmus-Test der QUELLE besteht im Gewahrsein dessen, was anliegt, und nicht dessen, was durch Sie geschieht.

Die Geschichte, die Sie hier lesen, soll Ihnen versichern, daß diejenigen von Ihnen, die jetzt zum Sprung aus dem Flugzeug der Konditionierung in den offenen, aber unheimlichen Raum des Nichthandelns bereit sind, unversehrt landen werden, auch wenn es so aussieht, als würden Sie ohne Fallschirm oder Sicherheitsnetz aus einer Höhe von 10 000 Metern springen. Was ich Ihnen hier aus eigener Erfahrung berichten will, ist, daß Sie weder abstürzen noch verbrennen werden, wenn Sie sich entspannen und das Nichthandeln als allgemeine Lebenshaltung annehmen. Die QUELLE hält ganz bestimmt ein Sicherheitsnetz für Sie bereit, das die gesetzmäßige Entfaltung Ihres Schicksals stützt. Sie fragen mich: »Aber wie führe ich ein Geschäft, einen Haushalt oder ein Leben mit einer Haltung des Nichthandelns und Sich-Ergebens? Wie werden die Dinge erledigt?« Nun, ich kann Ihnen versichern, daß Sie folgendes beobachten werden, wenn Sie auf das achten, was geschieht, und im Bewußtsein verbleiben, daß Sie nicht der Handelnde bzw. ein mit freiem Willen Agierender sind: Alles, was geschehen soll, wird geschehen! Die Dinge werden einfach getan, mit Ihnen oder ohne Sie, trotz Ihrer und nicht wegen Ihrer. Sie stellen fest, daß Sie aufstehen, umhergehen, telefonieren, Worte sprechen, und die ganze Zeit wissen Sie, daß die QUELLE durch Sie wirkt. Am Anfang ist es in Ordnung, wenn Sie so tun, »als ob« Sie der Handelnde wären, solange Sie im Herzen wissen, daß es nicht so ist. Nach einiger Zeit wird im Laufe der Erlösung die Autopilot-Funktion ohne Unterbrechung aufrechterhalten. Sie wissen ganz genau, wer dieses Fahrzeug steuert, und so zu handeln, »als ob« Sie der Handelnde wären, wird unwichtig.

Diese Haltung des Nichttuns fördert das Nichtanhaften an den Ergebnissen dessen, was Sie zu tun versuchen. Wenn Sie nicht der Handelnde sind und nicht am Resultat des Projekts haften, bleibt nur noch eine Rolle – die des Zeugen im Bewußtsein der Wahlunmöglichkeit.

Ich teile Ihnen dieses mit, weil ich aufgrund meiner Reise davon überzeugt bin, daß der Frieden und die Freiheit, die ich ununterbrochen im Glücksgefühl erfahre, diesem Lebensbrunnen des Nichthandelns und absichtslosen Bemühens entspringen. Und wenn Sie feststellen, daß Sie ganz in dieser überwältigenden Empfindung der Freiheit aufgegangen sind, dann können Sie auch mit einem Augenzwinkern über Rumis Ausspruch sinnieren: »Wer spricht diese Worte mit meinem Mund?«

38 | MACHT DAS LEBEN SCHON SPASS?

Jetzt, wo Sie diese Geschichte von Wahnsinn und Freiheit beendet haben, fragen Sie sich vielleicht: »Was soll mir das sagen?« Fragen Sie sich, anstatt ihr einen Sinn zuzuschreiben, doch lieber, ob sich Ihre Haltung dem Leben gegenüber verändert hat. Sie werden wissen, daß wir gemeinsam auf intuitiver Ebene gereist sind, wenn Sie sich im großen und ganzen überaus erleichtert fühlen. Es gibt keine Schlußfolgerungen zu ziehen, sondern nur unglaubliche Freiheit, die das Herz zerreißt. Haben Sie das Gefühl, Ihnen wäre eine enorme Last von den Schultern genommen worden? Da sehen Sie mal, wie schwer all die Konditionierungsschichten waren. Lassen Sie uns also zum letztenmal die Gründe aufzählen, weshalb Sie sich so erleichtert fühlen:

> Sie brauchen nicht mehr der Handelnde zu sein. Es ist bereits geregelt.
> Vergessen Sie alle absichtlichen Bemühungen.
> Sie können es nicht vermasseln.
> Sie können nicht den Kürzeren ziehen.
> Sie sind nicht für die Rettung der Welt verantwortlich.
> Sie können nicht die falsche Wahl treffen.
> Sie werden Ihr Schicksal erfüllen.
> Sie sind im Wesenskern erleuchtet.
> Es spielt überhaupt keine Rolle, ob Sie erwacht sind oder nicht.
> Sie können kein Opfer sein.
> Sie haben da draußen keine Feinde. Nur die QUELLE!
> Vergessen Sie alles über schlechtes »Karma«. Es ist vorüber und hat nie existiert.
> Kein Mysterium über das, was Sie im nächsten Leben sein werden. Es gibt kein »Sie«.
> Sie brauchen sich über den Sinn des Lebens nicht den Kopf zu zerbrechen. Die QUELLE

hat den Plan Ihres Lebens in unendlicher Weisheit entworfen.

Je mehr Sie einfach in absichtslosem Bemühen verbleiben können, desto besser gleitet das Schlauchboot die Wildwasser des Lebens hinunter. Schlauchboote brauchen weder Ruder noch Steuer!

Das Leben als Zeuge im Bewußtsein der Wahlunmöglichkeit zu beobachten macht am meisten Spaß – entspannt, friedvoll, befriedigend und aufregend auf jede nur erdenkliche Weise auf dieser Reise im menschlichen Dilemma.

Da die QUELLE der einzige Handelnde ist, sind Sie als Gottes Helfer aus dem Schneider.

Am Ende der Reise – ganz egal, was Sie getan oder nicht getan, erreicht oder nicht erreicht haben – ist das Endergebnis immer dasselbe: das erneute Ruhen in der QUELLE.

Wie schwierig Ihnen Ihr Leben auch vorkommen mag, so besteht doch immer ein vollkommener Ausgleich von Freiheit und Begrenzung. Es ist nicht besser oder schlechter als das von anderen, eben nur unterschiedlich, das ist alles!

Was wir alle unser Leben lang so ernst genommen haben, ist in Wirklichkeit Teil eines sehr lustigen Witzes.

Sie sind vollkommen, genau so, wie Sie gerade sind.

Alles ist in der Tat genau so, wie es sein sollte, und nichts muß in Ordnung gebracht oder verändert werden.

Wenn Sie jetzt innerlich das negative Geplapper über einen Menschen oder eine Situation hören, können Sie sich entspannt im Bewußtsein zurücklehnen und wissen, daß das eigentliche Geschehen das In-Erscheinung-Treten der QUELLE ist.

39 | AUFSTÄNDE UND REFLEXIONEN

Wir sind gerade längere Zeit in den Zellen eingeschlossen gewesen, und das war nicht nur im Gefängnis auf Terminal Island der Fall, sondern in allen Bundesgefängnissen, die wegen landesweiter Aufstände zu dieser Maßnahme gegriffen hatten. Ich sah Gefängnisinsassen und Wärter in tödlichem Kampf als unvermeidlicher Konsequenz von massiver Überbelegung und drakonischen Drogenstrafen, die für Schwarze hundertmal strenger sind als für Weiße (Schwarze machen jetzt 61% aller Gefängnisinsassen aus). Ich beobachtete, wie ganze Häuserblocks mit unglaublicher Wut niedergebrannt und zerstört wurden. Während ich in meiner harten Metallkoje lag und wochenlang auf eine Spur von Normalität im Gefängnisalltag wartete, drang trotz des gewaltigen Geräuschpegels durch das permanente Rufen und Schreien 24/7 der Satsang von der QUELLE nahezu ununterbrochen zu mir durch. Jetzt, da die Zellen wieder offen sind, kann ich meine »Aufstandsreflexionen« mit Ihnen teilen.

Beim Spielen ist die QUELLE unberechenbar! Wenn man gerade denkt: »Gut, jetzt reicht es erst einmal«, widerfährt einem gleich wieder etwas, das zu neuen Einsichten führt. Das ist die Schönheit des menschlichen Dilemmas – es gibt einen beständigen Wechsel, der Vielfalt und Evolution garantiert. Über beide Begriffe sollten wir jetzt einmal sprechen.

Vielfalt

Es ist Ihnen sicher aufgefallen, daß ich im Laufe dieser Geschichte immer wieder den unstillbaren Durst der QUELLE nach Begrenzung erwähnt habe. Aber das ist eigentlich nur die halbe Geschichte. Die andere, und das ist gleichermaßen wichtig zu beobachten, ist das Streben der QUELLE nach Vielfalt durch die gesamte Erscheinung der Schöpfung im allgemeinen und durch das menschliche Dilemma im besonderen. Das Verständnis dieser Rolle der Vielfalt in der Welt der

Erscheinungen der QUELLE erleichtert uns das Annehmen der geschaffenen Wirklichkeit, wie sie ist.

Sowohl die Wissenschaft als auch unser eigenes Bewußtsein sagen uns, daß alles in dieser Welt eine einzigartige Schöpfung ist. Dies ist jetzt durch die Erforschung der DNS-Unterschiede innerhalb derselben Art besonders deutlich geworden. Nicht nur, daß die QUELLE keine Gleichheit in die von ihr geschaffenen Erscheinungen hineinprojiziert, sie schafft auch keine langweilige Gleichheit innerhalb der verschiedenen Erfahrungen des menschlichen Dilemmas. Wenn ich sehe, wie sich die QUELLE in die Erscheinungen projiziert, bin ich immer wieder über die Vielheit des EINEN in den sowohl bizarren als auch schönen Handlungen des Vielen erstaunt. Ich kann eine ungewöhnliche Situation sehen, und dann flüstert mir die Stimme der Erlösung zu: »Aha, hier spielt die QUELLE wieder ihr Spiel der unendlichen Vielfalt.« Vor dem Weckruf hätte dieselbe Situation wahrscheinlich so etwas wie »Was für ein Problem hat dieser Freak?« ausgelöst. Das Gefängnis ist ein wahrer Mikrokosmos der großen Welt da draußen. Mir erscheint die QUELLE mehr und mehr als all die verschiedensten Typen, Rassen und Persönlichkeiten, die man sich nur vorstellen kann. Wie langweilig wäre die Welt, wenn jeder wie der andere denken und handeln würde! Ich kann mir lebhaft vorstellen, daß es beim Wiederverschmelzen mit dem Urgrund beim Tode so eine Art Oskar-Verleihung gibt, wo jeder für seine hervorragende Lebensrolle ausgezeichnet wird und sich die Gangster und Gefängniswärter, die Schwarzen und die Weißen gegenseitig Blumen zuwerfen, während sie gemeinsam wieder in der EINHEIT der QUELLE verschwinden. Wer hat seine jeweilige Rolle als Akt des Ausgleichs von Freiheit und Begrenzung auf der Suche nach Vielfalt besser gespielt? Aber sie waren alle perfekte Schauspieler und haben alle anderen zum Narren gehalten! Wenn also die Zwiebelsicht möchte, daß Sie die Wirklichkeit mit der begrenzten Sehweise des menschlichen Dilemmas sehen, dann ist jetzt die Zeit günstig, daß Sie diese Schicht abziehen und sich der geheimnisvollen *Vielfalt* der Dinge, wie sie sind, öffnen.

Evolution

Der nächste Begriff, den es hier zu untersuchen gilt, ist *Evolution*. Alle gehen davon aus, daß wir uns als Planet zu höherem Bewußtsein hinentwickeln. Ganz meine Meinung! Aber das soll nicht heißen, daß höheres Bewußtsein eine höhere Entwicklungsstufe als niedriges Bewußtsein darstellt. Es ist einfach so, daß ein spiralförmiger Rückgang in der Evolution nicht funktioniert. Nehmen wir zum Vergleich das Gesetz der Schwerkraft. Die Schwerkraft könnte theoretisch in beide Richtungen wirken. Im Umkehrfall könnten die Gegenstände von der Erdoberfläche in den Weltraum hinausfliegen, wenn die QUELLE es so projiziert hätte. Aber das wäre nicht sehr praktisch, weil alle Dinge ständig hoch und weg fliegen würden anstatt nach unten zu fallen und auf der Erde zu bleiben. Runter ist also nicht besser als rauf, es funktioniert im besonderen Fall der Schwerkraft einfach besser. Und genauso verhält es sich mit der Evolution. Da die QUELLE die Vielfalt liebt, garantiert sie durch ständige Veränderung ewige Vielfalt im menschlichen Dilemma. Wir haben also mit ständiger Veränderung der Muster zu tun, mit denen wir durchs Leben gehen. Wenn wir uns nach unten entwickeln, landen wir schnell auf der tierischen Ebene bzw. noch weiter unten, und das ist das Ende des menschlichen Dilemmas. Aber wenn wir uns im Bewußtsein höher entwickeln, gibt es keine Grenzen, und die Evolution geht unendlich weiter. Das funktioniert besser!

Wenn Ihnen also die Zwiebelsicht weismachen will, daß diese Situation uns eine notwendige Lektion über das Leben und die Evolution zu höheren Bewußtseinsebenen erteilen soll, dann glauben Sie das nicht. Die QUELLE braucht keine Lektionen über das Leben. Die QUELLE liebt einfach die Vielfalt – deshalb ständige Veränderung – deshalb eine Evolution, die nur in die einzig mögliche Richtung geht – höher. Daran ist nichts Mysteriöses oder Esoterisches. Schälen Sie die Schicht ab und seien Sie sich gewiß, daß die QUELLE durch die mit der Evolution einhergehenden Vielfalt nur spielt und sich vergnügt.

Lügen und Übertreibung

Zu einer der interessanten Nebenwirkungen des Erwachens und der Erlösung gehört der Prozeß des Zurückspulens des Videos des gesamten Lebens und der erneuten Betrachtung in Zeitlupe, um dieselben Ereignisse noch einmal vom Standpunkt der PERLENSICHT aus zu durchleben. Dies geschieht spontan in den Zeiten des Alleinseins und der Ruhe und ist durchaus ganz angenehm. Man erfährt, was für eine verzerrte Sichtweise man als Zwiebel hatte und wie wunderbar man sich in seinem wahren Sein als PERLE fühlt – jetzt völlig frei inmitten des menschlichen Dilemmas. Neben dieser Freiheit empfindet man allerdings auch all die Akte der Begrenzung und Kontraktion, die hier und da auf dem Weg passiert sind, als peinlich.

Durch diesen Prozeß wurde mir klar, daß ich immer dann in meinem Leben auf eine Lüge oder Übertreibung der Situation zurückgegriffen hatte, wenn ich mich gegen das, was ist, wie es ist, wehrte und die Situation besser darstellen wollte, so daß sie mehr meinen Wünschen und Bedürfnissen entsprach. Vielleicht konnte ich sie verbessern, wenn es mir nur gelang, mich in ein günstigeres Licht zu rücken. Die Leute würden vielleicht mit einer Lüge besser von mir denken, als wenn sie die Wahrheit kennen würden. Doch wenn die Perspektive der erwachten PERLENSICHT erst einmal die Führung übernommen hat, wer kümmert sich dann noch darum, was jemand anderes denkt! Das ist es, was ist! Es ist sowieso alles nur die QUELLE in Erscheinung, und somit hafte ich den Dingen, wie sie sind, und den Reaktionen der Leute auf meine Beschreibung von unangenehmen Tatsachen nicht mehr an. Indem ich jetzt eine Szene den Tatsachen entsprechend darstelle, nehme ich diese Realität in vollerem Maße an. Die höchste Priorität besteht darin, sie nicht geradezurücken oder angenehmer zu machen, sondern die Dinge so, wie sie sind, als QUELLE in der Erscheinung anzunehmen. Dasselbe gilt für den Fall, daß Sie etwas haben, das ich nicht besitze, aber besitzen möchte. Der Versuch, es von Ihnen zu nehmen, ohne daß Sie es anbieten, wäre auch wieder Widerstand gegen das, was ist. Es läuft also wieder alles auf die PERLENSICHT hinaus. Sich selbst und alle anderen als EIN und dieselbe QUELLE zu sehen. Zu wissen, daß man mit seinem kleinen, begrenzten Geist niemals alles erkennen wird, und sich dann den Dingen, wie sie sind, ergeben – als Projektion der QUELLE. Was für eine ständige Hektik!

Quell der Weisheit

Was habe ich bei der Erforschung und Darstellung dieser sogenannten Weisheit, die ich als PERLENSICHT bezeichne, wirklich Weises entdeckt? Nur dies eine: Wie befreiend und aufregend das Ablegen der Zwiebelsicht im Aufkommen des Erwachens und der Erlösung auch gewesen sein mag, so ist es doch lediglich eine einzigartige Erfahrung der QUELLE in ihrem Streben nach Vielfalt. Ich weiß, daß das, was mir bisher zuteil geworden ist, direkt aus dem Quell aller Weisheit – der QUELLE – kommt. Es mag schon sein, daß die Wahrheiten von anderen Leuten unseren und sich untereinander widersprechen. Es mag schon sein, daß einige von ihnen unserem Empfinden zuwider sind. Aber aufgrund ihrer QUELLE sind sie alle relativ wahr, was bedeutet, daß ich jetzt alles, was ich höre, als genauso heilige Wahrheit wie meine innere Stimme achte, selbst wenn es einer angeblich noch so fanatischen Stimme entspringt. Das heißt nicht, daß ich daran glaube oder versuche, das, was andere sagen, in mein Leben einzubauen. Ich respektiere es einfach als ihre heilige Wahrheit – für die QUELLE in ihrem Streben nach Vielfalt genauso wichtig wie die Wahrheit, die sie durch mich offenbart hat. Niemand hat jemals die falsche oder richtige Lehre! Sie mag vielleicht für niemanden anders im Universum wahr sein, aber für die betreffende Person gilt sie ganz bestimmt. Also nehme ich alles, was ich jetzt höre, an als das, was ist, dem jeweiligen Menschen heilig, ohne Bewertung oder Meinung von meiner Seite.

Das läßt mich zwei weitere Schlußfolgerungen über das menschliche Dilemma ziehen. Der einzig wahre Lehrer, den Sie haben können, ist die eigene einzigartige Stimme der

Weisheit – zu der jeder in sich selbst Zugang hat. Andere Lehrer können nur eine Alternative zu dem darstellen, was Ihnen Ihre Konditionierung bereits beigebracht hat. Ob es für Sie wahr ist oder nicht, hängt von Ihrer körperlichen Reaktion ab. Wenn Sie sich schütteln und abgestoßen fühlen, ist es offensichtlich nicht Ihre Wahrheit. Wenn Sie sich aber aufgeregt und angezogen fühlen, dann können Sie sie vielleicht genauer erforschen und Ihrem eigenen Quell der Weisheit gestatten, sie weiter zu entwickeln. Das Fazit ist: Die Verantwortung liegt letzten Endes bei Ihnen. Sie und nur Sie allein sind die Quelle all der Weisheit, die Sie jemals auf Ihrer Reise durchs menschliche Dilemma brauchen werden. Was auch immer Sie dem Leben entnehmen, ist genau die Wahrheit, die die QUELLE in Ihrem einzigartigen Körper/Geist-Organismus erfahren wollte. Sie können sich in der angenommenen Wahrheit nicht irren, wie katastrophal sie auch immer erscheinen mag. Es kommt alles von der QUELLE. Jeder ist absolut heilig in der Wahrheit seiner eigenen, individuellen Weisheit.

Die zweite Schlußfolgerung aus unserem Quell der Weisheit: Da die Wahrheit eines jeden heilig ist, werden auch seine Handlungen von dieser Wahrheit inspiriert. Wenn Ihre Wahrheit als gewalttätiger Angehöriger einer Gang, der im Ghetto aufwächst, darin besteht, sich das zu nehmen, was Sie wollen, und der Zweck die Mittel heiligt, nun ja, dann ist das ein vollkommener Ausdruck der QUELLE in ihrer Rolle, ihre einzigartige Wahrheit als perfekter Gewalttäter auszuleben. Diese Rolle ist genauso heilig wie die der ehrwürdigen Mönche, deren einzige Wahrheit im Leben die Katholische Kirche, der Zölibat und der selbstlose Dienst am Nächsten ist. Ihre Rollen und Handlungen entwickeln sich aus den jeweiligen relativen Wahrheiten, die ihnen die QUELLE eingibt und als gültig erscheinen läßt. Nicht besser, nicht schlechter, nicht wahrer, nicht weniger wahr. Alles QUELLE – das EINE in der Mannigfaltigkeit des Vielen. Alles ist vollkommen, so wie es ist! Der Versuch, jemandes Wahrheit oder Handlungen zurechtzurücken, würde seine Zerstörung bedeuten. Jeder hat genau denselben Quell der Weisheit, bringt ihn nur unterschiedlich zum Ausdruck.

Dieser Punkt wurde mir als integraler Bestandteil meiner Erlösung von der QUELLE durch das Erscheinen von Hector deutlich gemacht. Hector ist ein kleiner, alter, kahlköpfiger Latino, der hier mit der unglaublichen Geschwindigkeit von drei Meilen pro Stunde herumjoggt, und das kann er jeden Tag stundenlang. Er ist ein wiedergeborener christlicher Fundamentalist, der mit großem Enthusiasmus jeden missioniert, der bereit ist, sich seine Ausführungen über die Hölle, das Jüngste Gericht und die ewige Verdammnis anzuhören. Seine tägliche Routine besteht darin, jeden Morgen im Hof zu joggen und nach potentiellen Konvertiten Ausschau zu halten, ihnen den ausgedruckten Spruch des Tages zu überreichen und ihnen dann ein paar aufmunternde Worte zu sagen. Ich hab mich längere Zeit auf Hectors Joggingbesuche eingelassen, aber nicht weil ich eine kurze Bibelstunde brauchte, sondern weil sich Hector so gut fühlte, wenn er zu jemandem predigen konnte. Ich brauchte nichts weiter zu tun, als die Broschüre entgegenzunehmen und zustimmend zu nicken, und schon wurde Hector von der Freude ergriffen, das Wort des Herrn zu predigen. So sitze ich also eines Tages in meiner entlegenen Hofecke und meditiere und schau hoch zu Hector, der wie immer vor mir joggt und seinen Sermon über die Gefahren des Teufels abläßt. Aber siehe da, Hector war völlig in das wunderbarste goldene Licht getaucht, und sein Gesicht war schöner als das eines Engels. Ich konnte kein Wort herausbringen, statt dessen erkannte ich ihn als Erscheinungsform der QUELLE, und Tränen rannen mir übers Gesicht. Hector hat bestimmt geglaubt, seine Angstbotschaft hätte mich gerührt, aber ich wußte sofort, daß seine Wahrheit genauso heilig ist wie meine. Von ganz anderem Inhalt – aber heilig und aus derselben QUELLE. Nach diesem Ereignis konnte ich Hector nie wieder ohne ein stilles »Namaste« und ein wissendes Lächeln der Erkenntnis auf den Lippen ansehen.

Folge deiner Glückseligkeit

Eines der zentralen Themen, auf die ich bei meiner Suche in der New-Age-Philosophie gestoßen bin, ist die Ermahnung »Folge deiner Glückseligkeit« als Mittel zur Erleuchtung. Dies ist in der Theorie ein großartiger Gedanke, aber wenn ich mich nach den Gründen für meine verschiedenen Lieblingsprojekte fragte, lief die Motivation anscheinend immer auf Bedürfnis, Gier, Lust und Abhängigkeit hinaus. Wenn überhaupt jemals Glückseligkeit im Spiel war, dann war diese zu kurzfristig, um von Bedeutung zu sein.

In der auf den Weckruf folgenden Erlösung begann ich dieses »Folge deiner Glückseligkeit« auf zwei verschiedenen Ebenen zu verstehen. Wenn wir davon ausgehen, daß es nur BEWUSSTSEIN gibt, dann bringt mir keine meiner Unternehmungen ewigen Lohn, sei es nun der Dienst an anderen oder schlechtes Karma, wenn ich in meinem Streben nach konventionellen Zielen selbstsüchtig bin. Wahre Glückseligkeit wie Liebe, Überfluß und wahre Macht (Meisterschaft über das Selbst) besteht in dem natürlichen Ergebnis der Erkenntnis, wer ich bin, und nicht in zu erreichenden Zielen. Auch Angst kann man nie zu den Motiven für eine Zielsetzung zählen. So wurde mir in der ersten Verständniswelle folgendes klar: Da es in Hinsicht auf persönliche oder kosmische Auswirkungen völlig egal ist, wie ich durchs Leben komme, kann ich genauso gut »meiner Glückseligkeit folgen« und mich nur auf das einlassen, was für meine einzigartigen, ererbten Prädispositionen am erfreulichsten ist, mit anderen Worten auf das, was mich auf positive Weise am lebendigsten fühlen läßt. Ein einfaches Beispiel: Es »scheint« vielleicht so auszusehen, als ob sich der Weg vor einem gabelt und die eine Richtung viel Geld durch den Verkauf von »Stoff« bedeutet, die andere aber erfreulicher erscheint, weil man da etwas zu tun bekommt, das nicht so viel Geld einbringt, aber mehr Spaß macht. »Folge deiner Glückseligkeit« würde bedeuten, daß ich dahin gehe, wo Arbeit Spiel ist. Aber das ist zu einfach, weil die QUELLE entscheidet, welchen Weg wir nehmen, indem sie uns den einen Weg attraktiver erscheinen läßt als den anderen.

Kommen wir zur zweiten Verständnisebene der Bedeutung von »Folge deiner Glückseligkeit«. Durch fortschreitende Erlösung und ein tieferes Verständnis des BEWUSSTSEINS in Bewegung hat sich eine subtilere Erkenntnis eingestellt. Es scheint jetzt so, als ginge es nicht um Tun oder Lassen. Wenn die GNADE das ganze Wesen durchdrungen hat und man diese Welt der Erscheinungen mit den Augen der QUELLE sieht, stellt sich eine Haltung des »Nichttuns«, des einfachen Beobachtens der Ereignisse ohne Meinung, Bewertung und Bevorzugung ein. Wenn dann die Ereignisse eintreten, ganz gleichgültig ob sie einem angenehm oder unangenehm sind, wird das Annehmen von allem, wie es ist, zur einzigen Haltung im Folgen der eigenen Glückseligkeit. Die QUELLE ist Glückseligkeit! Wissen Sie noch, daß die Alten die QUELLE als »Satchitananda« bezeichneten? Ananda ist der Aspekt der totalen Glückseligkeit. Was auch immer geschieht, ist genau das, was die QUELLE geschehen lassen will, exakt in der Art und Weise und zu der Zeit, wie und zu der es geschieht. Mit dem Transzendieren der Ego-Persönlichkeit, die die Trennung bewirkt und die Erfahrung begrenzt, ist das *natürliche Ergebnis* die QUELLE, die als Michael die QUELLE als Schicksal bzw. die QUELLE in Erscheinung annimmt. Die QUELLE, die die QUELLE annimmt, muß reiner Glückseligkeit gleichen! Genauer gesagt, wenn man das ganze »Tun« beiseite läßt und die Aufmerksamkeit nur auf das Annehmen der Geschehnisse als QUELLE ausrichtet, dann durchzieht, selbst wenn die Dinge physisch oder psychisch unangenehm sind, eine grundlegende Glückseligkeit das innere und äußere Wesen, und diese läßt die Verwirrungen und Konflikte des menschlichen Dilemmas in den Hintergrund treten. Mit anderen Worten, diese Art des Der-Glückseligkeit-Folgens ist Freiheit innerhalb des menschlichen Dilemmas. Und das ist für mich die allerwichtigste Aussage, die auf mein Leben eingewirkt hat und die zeigt, wie ich meine ursprüngliche Unschuld in dieser verrückten, unglaublichen Geschichte vom Erwachen wiedererlangt habe.

Ein Hochsicherheitsbundesgefängnis ist nicht gerade ein

Ort zum Sich-Wohlfühlen. Hier reicht für ein erfolgreiches Lebensprogramm schon das reine Überleben und wenn man nicht ins Loch oder ins Krankenhaus muß. Aber da die QUELLE das gerade zur Verfügung Stehende benutzt, ist es ein einzigartiger Ort, um der Erlösung ins Glücksgefühl zu folgen. Falls ich es noch nicht erwähnt haben sollte, die Erlösung erzeugt schließlich von Augenblick zu Augenblick, im Wachen oder im Traumschlaf einen Zustand ununterbrochener Bewußtheit, daß die QUELLE das einzige ist, was existiert. Es ist Schluß mit spacigen Tagträumen oder dem Sich-Verlieren in Gedanken oder Phantasien. Ich erinnere mich an unzählige Zazen-Sitzungen in einem Zen-Kloster, bei denen mein Geist so verrückt war und die Gedanken nicht abreißen wollten, daß ich verzweifelt die Hoffnung aufgab, sie jemals mit nur einem Anflug von Frieden und Ordnung beobachten zu können. Sowohl die konventionelle als auch die Zwiebelsicht besagen, daß in unserer dritten Dimension »Scheiße passiert« (shit happens). Nun, dann lassen Sie sich sagen, daß in der vierten aufgrund der GNADE ein »Wechsel passiert« (shift happens). Es ist ein »Geschehen« – ein spontaner Wechsel – und plötzlich befinden Sie sich an einem friedlichen Ort im Innern und schauen nach draußen, anstatt ständig das Gefühl zu haben, Sie seien draußen und würden nach innen blicken. Wenn man sich immer und ununterbrochen seiner selbst und alles anderem als QUELLE bewußt ist, dann wird das Annehmen der Dinge in ihrem Sosein zu einer Haltung der Integration und Heilung. Und damit folgt man eindeutig seiner Glückseligkeit.

Nehmen wir an, es passiert plötzlich etwas, und wie meistens im Gefängnis ist es etwas Unangenehmes. Zuerst werde ich mir des Ereignisses und des Gefühls, das es erzeugt, bewußt. Darauf folgt die Erkenntnis dessen, was ich wirklich bin, und ich sehe dieses Ereignis ausschließlich als die QUELLE in Bewegung. Dann kommt das deutliche Raunen eines annehmenden »Ja! Namaste!« – gefolgt von der tatsächlichen, wirklichen Glückseligkeit, die sämtliches potentiell Unangenehme der Situation aufhebt. Ich spreche hier von einem allumfassenden, unaufhörlichen Frieden, in dem sich bei jedem Ereignis neue Freude regt. Können Sie sich das vorstellen? Wenn jetzt meine Wirklichkeit in einem kaltblütigen Gefängnis voller Feindseligkeit und Gewalt so aussieht, wie könnte dann Ihre potentielle Glückseligkeit und Freiheit in einer liebevolleren Umgebung beschaffen sein, wenn Sie erst einmal die Macht des Nichttuns und des Annehmens der Dinge in ihrem Sosein kennen?

Und was für eine Aktivität bewirkt bei mir zur Zeit die größte Glückseligkeit? Das scheint einfach der Satsang mit anderen zu sein, die sich in denselben Raum des Erwachens und der Freiheit hineinbewegen. Aber eine Aktivität zu beschreiben würde bedeuten, daß ich meiner Glückseligkeit im Sinne der ersten Bedeutungsebene folgen würde. Die einzige Definition, die es sich lohnt, an Sie weiterzugeben, ist folgende: Ich bin mir vollkommen bewußt, daß jedes auch noch so kleine Ereignis, das im Rahmen meiner Wahrnehmung stattfindet, tatsächlich die QUELLE in Bewegung ist. Alles ist deshalb einfach vollkommen und genau so, wie es sein sollte. Diese Form von Bewußtsein bzw. Verständnis der Situation muß irgendwie eine Art chemische Reaktion oder Endorphinausschüttung in meinem Glückseligkeitszentrum auslösen, so daß ich augenblicklich sowohl von Glückseligkeit als auch von anhaltender Dankbarkeit überflutet werde. Und hier kommt die Nachricht, die die konventionelle und auch die Zwiebelweisheit schockieren wird: Unangenehme Ereignisse können genauso Glückseligkeit auslösen wie angenehme. Man muß fast schon im Gefängnis oder einer staatlichen Psychoklinik sein, um diese umwerfende Äußerung umfassend auf ihre Genauigkeit und Stichhaltigkeit hin zu überprüfen. Aber andererseits hatte ich auch früher immer das Gefühl, daß das Leben im menschlichen Dilemma in der freien Welt dem ziemlich nahekommt. Wer hätte denn jemals gedacht, daß das Geheimnis des »Folge deiner Glückseligkeit« einfach darin besteht, daß man das, was ist, von Augenblick zu Augenblick, hier und jetzt so annimmt, wie es ist? Es hat nichts mit den eigenen Aktivitäten zu tun, sondern vielmehr mit dem Bewußtsein von dem, was man ist, und dem Annehmen der Wirklichkeit, nämlich daß alles, so wie es ist, gut und genauso ist, wie es sein sollte!

40 | MEIN »VOLLKOMMENES« LEBEN

Es ist der erste Weihnachtsfeiertag, und traditionsgemäß ist Weihnachten hier im Gefängnis ziemlich deprimierend. Zum einen sind wir von allen geliebten Menschen getrennt. Zum anderen sind die Medien die ganze Zeit da und fordern alle zum Feiern auf, dabei kann ein Insasse sich höchstens ausrechnen, wie viele Jahre er noch in dieser bedrückenden Atmosphäre ausharren muß. Sie können sich das sicher gut ausmalen. Aber bei mir ist das heute anders. Ich ging auf den Hof hinaus, sobald sich die Türen um 6 Uhr morgens öffneten, um wie immer mein Fitneßprogramm zu machen. Aber anstatt auf den Stepper zu springen, um meinen Endorphinpegel hochzubringen, zog mich etwas herunter, und ich setzte mich auf die Erde, um in Ruhe ein bißchen zu meditieren. Das tat ich, und was dann folgte, war das wunderbarste und unglaublichste Weihnachtsgeschenk, das ich mir jemals hätte vorstellen können.

Mir war klar, daß dies ein ganz besonderer Tag im Prozeß meiner Erlösung sein würde. An diesem Tag ging mir mein höchstes Schicksal in einem Blitz der Einsicht und Erkenntnis auf, und ich wußte und fühlte, dies ist ein Geschenk des GEISTES. Diese Einsicht hatte sich über Monate hin aufgebaut, und ich hatte gerade über das Thema, daß Wahrheiten, Aussagen, Haltungen und Handlungen anderer als heilig und der in Bewegung befindlichen QUELLE entströmend anzusehen sind, weitergeschrieben. Ich hatte erklärt, wie ich alle Situationen so annehme, wie sie eintreten, und sie als die QUELLE in Bewegung betrachte, was immer ein tiefes Glücksgefühl bewirkt, auch wenn das Szenario noch so negativ erscheinen mochte. Dies diente als Aufwärmübung in den vorangegangenen Monaten, bevor heute das letzte Teil ins Puzzle des sog. Mysteriums des Lebens eingefügt wurde.

Erinnern Sie sich noch, wie wir in unserer Phantasie Mitschöpfer spielten und all das heilten, woran unser Planet offenbar krankt? Nun gut, machen wir das noch einmal, aber diesmal wollen wir alles erdenklich Positive in mein Leben bringen: Befreiung aus der Einkerkerung, Milliarden von Dollar, Ruhm und Macht und so weiter *ad infinitum*. Aber da all dies hier Erwähnte außerhalb meiner Essenz liegt, bedeutet das, daß nichts für sich genommen eine solch totale und anhaltende Erfüllung, Freude, Freiheit und einen solchen Frieden, wie ich sie jetzt erfahre, bewirken könnte.

Und genau hier kommt das Geschenk der Offenbarung von heute ins Spiel. Was die QUELLE mir hiermit gegeben hat, ist die GNADE, jedes einzelne Ereignis im Leben permanent als meine eigene Essenz in der Reflexion und Bewegung bewußt wahrnehmen und mit Bewußtsein annehmen zu können. Wenn das Ereignis mich nicht persönlich betrifft, fühle ich ein gigantisches »Ja – SO SEI ES!« Es ist fast wie ein innerliches Niesen. Wenn es mich persönlich und einen anderen Menschen betrifft, fühle ich ein allumfassendes »Namaste!«. Das ist es! Das und nicht mehr! Nichts weiter im Leben zu tun, um es zu verbessern. Nichts, wonach es zu trachten oder worauf es zu hoffen gilt. Mein Schicksal, wie ich es heute sehe, besteht darin, einfach zu sein und alles andere als die QUELLE anzunehmen. Ich habe bereits erfahren, daß es reine Glückseligkeit gibt, wenn die QUELLE die QUELLE in ihrem Sosein annimmt. Das führt zu einem *vollkommenen Leben*! Da ich schon bald aus dem Gefängnis entlassen werden soll, ist mir vielleicht schon das eine oder andere Mal der Gedanke im Kopf herumgespukt, wohin ich gehen und was ich als nächstes tun sollte. Somit war dies heute ein Geschenk. Eine Antwort – ein vollkommenes Leben, hier oder irgendwo anders, jetzt und immer, ganz gleichgültig, in welcher Form ich gerade aktiv sein mag. Alles, was ich für ein vollkommenes Leben zu tun habe, ist *nichts*! Einfach sein – lebendig – wach – bewußt, daß jede Bewegung die QUELLE ist – wie sie ist – vollkommen – und die Glückseligkeit und die tief erfüllende Freiheit, die ich bereits besitze, genießen. So einfach wie Atmen.

Aber ich bin mir dessen bewußt, daß diese Einsicht nur mein eigenes einzigartiges Schicksal und keine Weltbewegung ist. Aber ich möchte auch diese mit Ihnen teilen. Vielleicht ist etwas daran, das auf Ihr einzigartiges Lebensschicksal überspringen kann. Sie wissen ja, die QUELLE benutzt jedes zur Verfügung stehende Mittel, und hier sind Sie und ich, die gemeinsam eine Geschichte miterleben. Wer weiß?

Diese Einsicht hat deshalb eine so große Wirkung, weil ich diese Art von Durchbruch schon seit mehr als zwei Jahren erfahre. Dies ist so etwas wie die endgültige Vision von dem, worum es im Leben, zumindest in meinem Leben, letztendlich geht. Seit Beginn des Erwachens weisen alle Schilder in diese Richtung, und hier stehe ich nun. Das einzige, was ich von hier aus sehe, ist so schön und aufregend, daß ich von Dankbarkeit überwältigt bin. Denken Sie an all die Meister, die sagten: »Was für Leid? Komm einfach hier rüber, wo ich stehe, und sieh, ob du noch irgendwelches Leid da draußen erfahren kannst.« Ja, es stimmt! Die Dinge als die QUELLE anzunehmen (selbst wenn sie oberflächlich wie Leid erscheinen) – bewußt – ohne Bewertung, Meinung oder Bevorzugung – beseitigt die Polaritäten, und zurück bleibt nur die QUELLE, die sich als QUELLE annimmt.

Am meisten bin ich mir in diesem Augenblick des unglaublichen Gefühls meiner persönlichen Freiheit und Macht bewußt, obwohl ich ironischerweise gerade jetzt zu Füßen des Schießturms sitze und von drei Reihen rasierklingenscharfem Stacheldraht umgeben bin. Es gab vor vier Jahren einen Zeitpunkt, wo ich halb im Scherz voraussagte, daß ich wahrscheinlich solange im Gefängnis bleiben müsse, bis ich es so reizvoll und schön wie meinen Garten auf dem Berg in Costa Rica finde. Nun, das ist jetzt eingetreten, aber die Schönheit übersteigt die sämtlicher Orte auf diesem Planeten. Ich fühle heute einen so vollständigen Abschluß meines bisherigen Gefängnislebens und eine Art beginnendes Abenteuer, die weder etwas mit einem Ort noch mit einer Aktivität zu tun haben. Ich habe hier wirklich nichts und berste dennoch vor einem Gefühl des Überflusses. Dies ist das letzte Stück im Puzzle eines erfüllten Lebens, das nicht von äußeren Bedingungen abhängt.

Wenn ich mir dieses »vollkommene Leben« genauer anschaue, fällt mir als eine der Haupteigenschaften auf, daß es sich im Rahmen völligen Gewöhnlich- und Einfachseins bewegt. Durch unsere Konditionierung in der Zwiebelsicht haben wir Wert darauf gelegt, *besonders* zu sein. Viel von dem, wonach wir streben, wird an bestimmten Normen und den Erfolgen anderer gemessen und damit verglichen. Wir wollen das Beste, das Meiste, das Größte, den ersten Rang in jeder positiven Kategorie des Lebens, und wir glauben zu wissen, wo wir im Leben stehen, nur indem wir uns mit den anderen vergleichen. Die Klarheit der PERLENSICHT zeigt, daß all unsere Bemühungen, besonders zu sein, nur die Ego-Persönlichkeit und ihre Illusion vom Von-der-QUELLE-Getrenntsein stärken. Wie schwierig wäre es demnach, in jeder Hinsicht vollkommen gewöhnlich zu sein? Wie wäre es damit, anstatt zu versuchen, alles besser zu machen oder ein Ziel zu erreichen, sich einfach in dem Bewußtsein zu entspannen, daß wahre Freude und wahrer Frieden im einfachen *Sein* liegen – nicht im Tun – wissend, daß alles genauso ist, wie es sein sollte! Jeder Versuch, etwas anderes zu tun, bedeutet nur das Eintreten in den Bereich der Konflikte, der Enttäuschung und letztendlich des Verlustes. Das Geschenk liegt hier darin, daß Gewöhnlichsein unendlich viel erfreulicher ist als Besonderssein.

Was glauben Sie, weshalb sich die Meister, die Erwachten, oft dagegen sträubten, die ihnen von ihren Anhängern verliehene Besonderheit zur Schau zu stellen? Warum zogen es einige wohl vor, sich zu verstecken und ihr großes Geheimnis des Gewöhnlichseins für sich zu genießen? Die Zwiebelsicht würde vorschreiben, daß Besonderssein der Normalität einfachen Gewöhnlichseins vorzuziehen sei. Aber gerade deshalb waren sie spirituelle Meister. Sie wußten es besser!

Da ich immer mit größtmöglicher Intensität gesucht hatte, war ich mein ganzes Leben lang bemüht, in allem, was ich jemals tat, hervorragend zu sein. Ich kann Ihnen aus persönlicher Erfahrung sagen, daß die Gabe des Annehmens des Gewöhnlichen die süßeste, ungewöhnlichste Gnade ist, die es überhaupt gibt. Sie bildet jetzt den Schlüssel zu meinem neuen »vollkommenen Leben«.

Wir wissen, daß Wunder etwas Besonderes sind, aber es gehört zum kosmischen Witz – und das kitzelt mich immer wieder – daß generell in diesem New Age die Bedeutung von Wundern betont wird; man spricht, hört und liest überall davon. »Wartet auf ein Wunder!« ruft die Zwiebelsicht. »Nein«, antwortet die PERLENSICHT. Ein Wunder zu wünschen, zu erwarten, herbeizusehnen bringt uns auf unserer Reise durch dieses menschliche Dilemma wieder aus dem Bereich des Gewöhnlichseins heraus. Ich meine damit nicht, man solle die Wunder im Leben nicht feiern, wenn sie sich ereignen, man braucht sie einfach nur nicht mehr, um besonders oder gesegnet zu sein. Das Leben einfach so feiern, wie es abläuft – und was es auch immer bringt – das ist die Rolle desjenigen, der zum Geheimnis eines »vollkommenen Lebens« erwacht ist.

Völlig unabhängig von allen Umständen im menschlichen Dilemma haben wir als QUELLE in Bewegung, in Erscheinung und in der Vielheit die Fähigkeit, unsere Schöpfung genau so anzunehmen, wie sie ist. Gerade diese nichthandelnde, aber bewußte Haltung des Annehmens eröffnet uns die Glückseligkeit, die jenseits allen Verstehens liegt, und nicht das Abändern von Ereignissen, wie wir sie gern hätten.

An einer Stelle in diesem Buch beschrieb ich, inwiefern alle Ereignisse aufgrund der Gleichung von Freiheit und Begrenzung, die alles Leben in der Waage hält, gleich sind, selbst wenn das Gegenteil passiert wäre. Aber diese Gleichheit besteht noch auf einer tieferen Ebene. Jedes Ereignis kann als QUELLE in Bewegung, so wie es ist, angenommen und entsprechend gefeiert werden. Als Zwiebel hat man es natürlich leichter, sich an den angenehmeren Dingen des Lebens als am Unglück zu erfreuen. Aber eine PERLE genießt es, alles als die QUELLE zu betrachten, und wenn die QUELLE als bestimmter Körper/Geist-Organismus die QUELLE als bestimmtes Ereignis annimmt, haben wir die Glückseligkeit der QUELLE im Ruhezustand und nicht die QUELLE in der Erscheinung. Damit das Leben vollkommen sein kann, muß alles, das in diesem sog. »vollkommenen Leben« geschieht, eine Quelle der Freude, der Freiheit und der Erfüllung sein. Dies kann im begrenzten Rahmen des menschlichen Dilemmas nur geschehen, indem wir über die Offensichtlichkeit der Illusion von Schmerz und Leid hinaus in die dahinter liegende Wirklichkeit der QUELLE schauen und dann alles so annehmen, wie es ist, als QUELLE.

Ich glaube, dies ist der Gipfel der Erfahrung, die die QUELLE in der Welt der Erscheinung machen kann. Wenn Menschen eine solche Gipfelerfahrung haben, versuchen sie oft, sie festzuhalten, und gerade dadurch verlieren sie sie. Alle Bemühungen, sie wiederzuerlangen, sind vergebens. Ich beschreibe aber eine Gipfelerfahrung, die fortdauernd und unerschütterlich ist und deshalb nicht verlorengehen kann. Die Gipfelerfahrung, die die QUELLE als Konstante benutzt, wenn die Freiheit des Erwachtseins eingetreten ist, besteht in der Haltung des Nichttuns und des Annehmens dessen, was ist, wie es ist.

41 | WECHSEL PASSIERT

Jemand, der mir sehr nahe steht, bat mich vor kurzem, etwas zu einem New-Age-Roman zu sagen, der zur Zeit in Umlauf ist. Darin erlangt ein Mann sein Erwachen in der Zelle eines Bundesgefängnisses, und am Ende der Geschichte wechselt der ganze Planet von der dritten in die vierte Dimension. Wer seine Hausaufgaben nicht gemacht hatte, blieb natürlich in der dritten Dimension zurück, um sein »schlechtes Karma« abzubauen. Die mit dem »guten Karma«, die Erleuchteten, wirkten dann in einem Paralleluniversum in der vierten Dimension, in dem alles für diese neuen kleinen Engel einfach »perfekt« war. Dieser Roman entspricht genau dem Profil der New-Age-Vorstellungen von einer vierdimensionalen Existenz.

Auch auf die Gefahr hin, daß ich viel von dem wiederhole, was ich bereits in meiner Geschichte gesagt habe, möchte ich Ihnen doch meine Erfahrung vom alltäglichen Leben in der vierten Dimension etwas detaillierter und tatsachenbezogener beschreiben. Der Übergang von der dritten in die vierte Dimension ist so dramatisch und weitreichend, daß es dort, wo man die eine verläßt und in der anderen lebt, keine verschwommenen Demarkationslinien gibt. Es spielt sich direkt hier ab, im Gesicht, im Bauch, im Herzen – aber nicht im Verstand, denn der wird in der dritten Dimension zurückgelassen.

Lassen Sie mich mit der Definition dieses Begriffs – die *vierte Dimension* – beginnen. Wir malen zunächst mit einem Bleistift einen Punkt auf ein Stück Papier und nennen das eindimensional. Dann betrachten wir ein Foto, wo wir Länge und Breite sehen, und das nennen wir zweidimensional. Sobald wir Tiefe hinzufügen, haben wir die dritte Dimension. Die vierte Dimension muß also eine Wirklichkeit sein, die alles, was wir in der dritten sehen und kennen, transzendiert. Früher dachte ich immer gleich an Geister und Engel, aber das war vor meinem Eintritt in dieses wunderbare Reich. Eine der Bedingungen zum Eintreten und permanenten Aufenthalt in der vierten Dimension besteht darin, daß man all das hinter sich lassen muß, was man über die dritte zu wissen glaubt, ganz ähnlich einem Kind, das seine Kindersachen hinter sich läßt, wenn es ins Erwachsenenalter kommt. Sie sind nicht nur miteinander unvereinbar, sondern wenn man einmal die Linie überschritten hat, erkennt man plötzlich, daß die ganze dreidimensionale Welt, in der man gelebt hat, sowieso nur eine totale Illusion war.

Hört sich das schon langsam vertraut an? So wie ich die vierte Dimension verstehe, ist dieser Begriff gleichbedeutend mit *Erleuchtung*, was ich nie benutze, weil jeder aufgrund der einfachen Tatsache seiner Geburt als Projektion der QUELLE erleuchtet ist. Um im Rahmen dieser Geschichte zu bleiben, wäre das Wort, das dem soweit am nächsten kommt, *Erwachen* bzw. der *Weckruf*. Dies ist jedoch auch ein sehr vorbelasteter Begriff, wenn man ihn unbedacht benutzt, und die Leute betrachten einen eher als Egomanen oder als Kandidaten für die Klapsmühle, wenn man beiläufig erwähnt, daß man in einem erwachten Seinszustand lebt. Es wissen erst sehr wenige Leute, was es wirklich mit der vierten Dimension auf sich hat, und somit laufen Sie weniger Gefahr, gekreuzigt zu werden, wenn Ihr Lotterielos gezogen wird und Sie einfach sagen, daß Sie in die vierte übergewechselt sind. Und ich sehe hier beim Satsang im Gefängnis, daß mehr Scheine eingelöst werden, als ich jemals für möglich gehalten hätte. Ich höre immer mehr von intensivem Verlangen nach der Glückseligkeit und Freiheit, die die vierte mit sich bringt.

Es gibt nichts, was Sie in der dritten gelernt oder gesehen haben, das Ihnen in irgendeiner Weise das Verständnis ermöglichen könnte, was Leben in der vierten Dimension bedeutet. Man nimmt praktisch nichts mit hinüber. Wenn man auf einem Planeten landen würde, der aus Käse besteht und auf dem kleine grüne Männchen leben, hätte man mit denen mehr gemeinsam als beim Wechsel von der dritten in die vierte. Und der Grund hierfür ist ganz einfach. In der dritten Dimension basiert alles auf *Trennung*: Die Menschen gelten als von Gott getrennt und getrennt von einander und allen Lebewesen. Alle Religionen, Philosophien, Theologien, Psychologien und Geschichtstheorien basieren auf derselben Grundlage – *Trennung*. Sobald Sie erkennen, daß die EINHEIT der QUELLE die Grundlage der vierten ist – die QUELLE ist alles, was existiert – die Erfahrung umfaßt alles als QUELLE in Erscheinung, als QUELLE in der Vielheit, als QUELLE in der Begrenzung, als QUELLE in der Entfaltung eines göttlichen Lila in Form eines einzigen persönlichen Schicksals – dann sind Sie wahrhaftig drüben angekommen und haben die Dimension gewechselt.

Der Paß für diese neue Dimension ist die totale Aufgabe jeder Möglichkeit eines persönlichen freien Willens und der Kontrolle über das eigene Schicksal, wie es für das dreidimensionale Denken üblich ist. Dies ist die unsichtbare Grenze, die jene, die nach der vierten Dimension suchen, daran hindert, sie tatsächlich als Findende zu betreten. Die letzteren möchten immer noch an der winzigen Vorstellung festhalten, daß sie im Rahmen ihrer kleinen separaten Identität und der Ereignisse in ihrem Leben noch etwas zu sagen hätten.

Als Zahlungsmittel dient in der vierten das Annehmen von allem, was man hierin erfährt, als die reine QUELLE in Erscheinung, was heißt, daß nichts auf irgendeine Weise verändert oder umarrangiert werden muß! Alles ist vollkommen, so wie es ist – ganz gleichgültig, wie es sich an der Oberfläche präsentiert. Wie viel Überfluß brauchen Sie? Je mehr Sie das, was ist, so wie es ist, annehmen können, über desto mehr Zahlungsmittel verfügen Sie, und desto mehr Freiheit erlangen Sie.

Beim ersten Überschreiten der dritten tragen Sie die Kleidung eines »Handelnden«. Wir wissen ja, in der dritten scheint alles von einer Art Handeln durch absichtliches Bemühen begleitet zu sein. Man setzt sich Ziele, man bemüht sich intensiv, man hat Erfolg und erlangt meßbare Werte, um in der dritten zu überleben. Diese Kleidung ist in der vierten ein Witz. Hier legen Sie das Gewand des »Verstehen ist alles« an. Die einzige Voraussetzung besteht darin, zu verstehen, daß alles das Spiel bzw. die Erscheinung der QUELLE ist, was bedeutet, daß in der vierten Dimension keinerlei absichtliche Bemühung erforderlich ist. Die QUELLE benutzt vielleicht den einzelnen Körper/Geist-Organismus, um etwas in der gesetzmäßigen Entfaltung des manifesten Schicksals zu bewirken, aber ganz sicher gibt es hierbei keine separate Ego-Persönlichkeit oder einen separaten Geist, der diesen Prozeß unterstützen oder behindern könnte.

Damit haben wir also unsere Grundlage, unseren Paß, unser Zahlungsmittel und unsere neue Kleidung. Wo ist der Punkt, wo es anfängt, Freude zu machen? Nun ja, jemand, der noch in der dritten lebt und einen Roman über die vierte schreibt, wird seine Vorstellungen von der dritten Dimension glorifizieren und auf die vierte übertragen. In diesem erwähnten Roman hatten die Personen nach dem Wechsel keine »negativen« Prädispositionen mehr. Und das entspricht nun ganz und gar nicht der Wahrheit. Bedenken Sie, daß nichts von der einen Dimension in die andere mit hinübergenommen wird. Der Eintritt in die vierte geschieht, wenn sich die Ego-Persönlichkeit bzw. der separate Geist wieder in der Illusion auflöst, die sie schon immer waren. Dies wiederum bringt die vorhandene Angst zur Auflösung, d.h. den Hauptgegenspieler unserer Freude im Leben. Die Angst-Komponente der dritten wird in der vierten durch die totale Freiheit ersetzt. Sie können sich erst dann eine Vorstellung davon machen, wie überaus freudevoll sich diese totale und absolute Freiheit anfühlen kann, wenn Sie von jeglicher Angst frei sind.

Erinnern Sie sich noch, wie ich weiter oben sagte, daß es im Leben nur zwei Gefühle gibt, aus denen alle anderen hervorgehen? Liebe und Angst. Die Liebe nimmt per Definition die Dinge in ihrem Sosein als die QUELLE an. Die Angst versteht nicht, daß es nur die QUELLE gibt, und fürchtet sich deshalb vor dem, was sie nicht versteht oder nicht kontrollieren kann. Ich spreche hier also von einem neuen Gefühl, das wahrhaftig Spaß macht und das Sie noch niemals wirklich in der dritten Dimension erfahren haben: Freiheit!

Die Freiheit von jeglicher Angst. Die Freiheit, alles, was Sie mit dem Leben verbinden, zu lieben oder anzunehmen. Freiheit als köstliches Sicherheitsnetz, das Sie zu jeder Zeit umgibt, ganz egal was Ihnen auf dem Weg widerfährt. Di- Freiheit, einfach zu sein – nichts zu tun – und zu wissen, daß nicht nur alles in guten Händen und in Ordnung ist – sondern daß alles, selbst so wie es ist, vollkommen ist. Dies ist in der dritten unvorstellbar und unanwendbar. Was meinen Sie mit »nichts tun«? Wie kann man mit einer Haltung des Nichtstuns leben? Ja, leider muß ich sagen, daß das in der dritten nicht geht. Sie müssen in die vierte überwechseln, und wenn Sie einmal da sind, wird alles für Sie auf magische Weise erledigt, ohne daß Sie sich jemals wieder absichtlich bemühen müßten. Dies ist wahre Freiheit!

Und Nichtstun macht auch wirklich Spaß! Sie werden zu einer Art ehrfurchtsvoller Zeuge mit dem Bewußtsein der Wahlunmöglichkeit, während sich Ihr neues Leben vor Ihren Augen auf eine wahrhaft magische, glückselige, friedvolle Weise entfaltet, wie es von denen, die sich immer noch in der dritten Dimension aufhalten, niemals verstanden werden kann. Wenn Sie von der Dringlichkeit der Geschehnisse und der Verantwortung um sich herum überwältigt werden, seien Sie sich gewiß, daß Sie sich in der von der dritten Dimension geschaffenen Illusion befinden. Wenn ich also von der Freiheit von der Notwendigkeit zu handeln spreche, dann finden Sie sie nur in der vierten, am Busen der QUELLE, wo alles sicher ist und für Sie getan wird.

Wir brauchen keine New-Age-Version vom Wechsel des gesamten Planeten in die vierte Dimension. Was wir sehen werden, sind einzelne Menschen, die sich langsam von der Illusion ihrer Ego-Persönlichkeit lösen und einer nach dem anderen in die vierte eintreten. Und so macht es ja auch viel mehr Spaß. Man ist ja immer noch Zeuge der Geschehnisse in der dritten aus der Sicht und mit dem Verständnis der vierten. Wenn der ganze Planet auf einmal wechseln würde, dann wäre es bei all den Tugendlämmern und ganz ohne Konflikte meines Erachtens nach viel zu langweilig. Aber wer bin ich schon, daß ich so etwas behaupten könnte! Ich bin nur einer von vielen Zeugen mit einer Prädisposition fürs Abenteuer. So ist es wie ein fortwährender, wunderbarer Zeichentrickfilm, den man nicht nur sieht, sondern in dem man auch mitspielt und es voll und ganz genießt, wie sich die Dinge ohne vorheriges Wissen und ohne Kontrolle entfalten.

Ich sagte zwar vorhin, es gebe in der dritten nichts, was einen auf die vierte vorbereiten könnte oder was man mit hinübernehmen würde, aber da muß ich wohl doch ein paar kleine Ausnahmen machen, die die Regel nur um so mehr bestätigen. Ich muß zugeben, daß ich auf einigen speziellen Ecstasy- und/oder Zauberpilztrips tiefe Einsichten in den Seinszustand hatte, wo man sich angstfrei, sicher und friedvoll fühlt. Aber das war vorüber, sobald die chemische Stimulation nachließ. Bei den folgenden Drogentrips versuchte ich dann ständig, diese einmalige Erfahrung des Einsseins mit allen Lebewesen wiederzuerlangen. Eine gute Nachricht, liebe Weggefährten! Ein solches »High« ist die fortwährende, ununterbrochene und permanente Erfahrung in der vierten Dimension. Ich kann mir beim besten Willen nicht mehr vorstellen, noch einmal auf einen Drogen- oder Alkoholtrip zu gehen, weil er nur dieses natürliche Hochgefühl, das jedes Molekül der vierten durchdringt, abschwächen würde.

Ich hatte in der dritten Dimension auch ein paar ziemlich intensive Träume, sozusagen als Vorboten der mir später zuteil gewordenen Glückseligkeit. Diese Freude im Traum, die mein Herz zum Brennen brachte, ließ mich mit derselben Bestimmtheit aufwachen wie der Schrecken von Alpträumen, weil sie so unnatürlich war. Ich dachte immer: »Es gibt sicher irgendwo einen Bewußtseinszustand, in dem diese Art von Glückseligkeit erfahrbar ist!« Und noch eine gute Nachricht. Diese Art von Glückseligkeit herrscht in der vierten ganz natürlich und unabhängig von auslösenden Ereignissen. Wenn Sie in der vierten die Dinge so annehmen, wie sie sind, werden Sie von der Freude der QUELLE in der Bewunderung ihrer eigenen Projektion der Schöpfung total erfüllt. Dazu ist nicht einmal ein besonderes Ereignis notwendig. Alle Ereignisse haben diese Wirkung, wenn man die Geschehnisse, die die QUELLE einem zukommen läßt, nicht bewertet, vergleicht oder mit Meinungen und Vorlieben belegt. Im folgenden beschreibe ich ein paar alltägliche Details aus dem Leben in der vierten Dimension.

Summen und goldenes Schimmern

Bei mir veränderte sich die sinnliche Wahrnehmung beim Wechsel von der dritten in die vierte Dimension. Zum einen konnte ich eine Art angenehmer Schwingung, so etwas wie ein leises Summen wahrnehmen, und zwar mehr fühlen als hören. Aber es fühlte sich nicht nur gut an, sondern diente mir auch als Alarmanlage. In den ersten Tagen der Erlösung, als ich immer noch mal aus dem Hier und Jetzt herausrutschte, weil ich an ein zukünftiges oder vergangenes Ereignis dachte oder wenn ein Aspekt der Ego-Persönlichkeit seinen Senf dazugab, weil er sich mehr auf das kleine *Ich* anstatt auf das große *Ich des Selbst* konzentrierte, dann hörte mein schönes Summen auf! Augenblicklich! Wie der unsichtbare Stolperdraht einer Alarmanlage ließ es mich erkennen, daß plötzlich etwas aus dem Gleichgewicht geraten war. Ach, natürlich! Und dann setzte das Summen wieder ein. Dieses Bewußtsein benutzt offenbar ein Summen als Teil seiner Eigenschaften, zumindest in diesem individuellen Körper/Geist-Organismus.

Eine weitere Eigenschaft besteht darin, und das ist zu Anfang recht beunruhigend, daß ich beim Sehen an der äußeren Peripherie ein goldenes Schimmern wahrnehme. Aber sobald ich mich darauf konzentriere, ist es verschwunden. Dieses Schimmern ist die Gegenwart der QUELLE in all ihren Erscheinungen. Ich kann zum Beispiel hören, wie sich zwei Typen seitlich von mir anschreien und sie tatsächlich als Schimmern sehen. Wenn ich sie direkter ansehe, um dieses leuchtende Schimmern genauer auszumachen, verschwindet es, es sei denn, ich nehme eine Art weiche Sehweise an. Für mich besteht kein Zweifel, daß dieses Schimmern die Art und Weise ist, durch die die vierte Dimension mich bei allem, was ich sehe, in direktem Kontakt mit der QUELLE hält.

Es gibt noch eine weitere körperliche Empfindung, die mich mit der QUELLE in der vierten verbindet und von der ich hier berichten kann. Viele Male am Tag findet ein wunderbarer Austausch zwischen der QUELLE als meinem inneren Weisheitsbrunnen und mir statt. Ich werde eventuell Zeuge von irritierendem oder rücksichtslosem Verhalten, und die QUELLE gewährt mir den denkbar sanftesten Satsang, um mir zu versichern, daß nicht alles, was da draußen in der dritten passiert, so ist wie es an der Oberfläche aussieht. Dementsprechend reagiere ich mit der inneren Gewißheit, daß alles gut ist, und so kann ich die Situation so annehmen, wie sie ist, auch wenn ich die innere Logik oder den Grund dafür nicht kenne. In diesem Tanz, bei dem wir uns gegenseitig umarmen und austauschen, regt sich in der Magengrube ein warmes und aufgeregtes Flattern. Vergleichbar ist dieses Gefühl am ehesten, auch wenn es etwas albern klingt, mit der Intensität einer Jugendschwärmerei, wie wir sie als Teenager kannten. Es haut dich irgendwie mit einem schwindeligen Gefühl um. Du weißt, daß du hier an etwas Großem teilhast, wie ein besonderes Geheimnis, das man teilt, und du spürst einfach überall ein Kribbeln. Manchmal ist diese Empfindung so stark, daß ich für Augenblicke das Gefühl habe, fast nicht mehr voll funktionsfähig zu sein. Aber diese intensiven Aufwallungen dienen vielleicht dazu, das tiefe, anhaltende Gefühl von Frieden, der nie mehr nachläßt, aufrechtzuerhalten.

Traumzustand

Obwohl man sich in der ersten Zeit der Erlösung dessen bewußt ist, daß man zwischen der dritten und der vierten Dimension hin und her wechselt, heilt die Zeit all die scheinbare Trennung, und schließlich ist man sich der dritten nur noch als einer Realität bewußt, in der man nicht mehr aktiv ist. Was man permanent und ununterbrochen erfährt, ist die Wirklichkeit der vierten. Diese erstreckt sich jetzt auch auf meine Träume. Immer, wenn ich träume, träume ich in vierdimensionalem Bewußtsein. Auf der Traumebene reagiere ich mit demselben Bewußtsein wie im Wachen. Meine Träume sind genauso freudvoll und frei wie meine alltäglichen Erfahrungen. Dies ist ein ziemlich deutlicher Unterschied, weil ich mich schon immer an meine Träume erinnern konnte, und vor dem Wechsel in die vierte hatte ich viel mehr unangenehme als erhebende Träume. Ich empfinde eine tiefe Dankbarkeit und Wertschätzung für den Frieden und den Satsang, der jetzt meine Träume erfüllt.

Unkontrollierbare Gedanken

Wir haben alle erfahren, wie verrückt sich unser Geist in der dritten Dimension gebärdet, wenn wir in der Meditation saßen, unsere Gedanken beobachteten und vergeblich versuchten, sie unter Kontrolle zu bringen. Die Weisen vergleichen den normalen dreidimensionalen Geist angesichts der Possen, die er aufführt, mit einem Affen. Noch eine gute Nachricht! Die verrückten Gedanken entspringen den Wünschen der Ego-Persönlichkeit. Raten Sie mal, was passiert, wenn sich diese Ego-Persönlichkeit auflöst und Sie mit dem Wechsel in die vierte Dimension den normalen Geist hinter sich lassen? Ja genau! Keine unkontrollierbaren Gedanken und Tagträume mehr. An ihre Stelle tritt die liebliche GEGENWART des SELBST bzw. der QUELLE. Ich meine eine wirkliche, spürbare GEGENWART, die so trostreich ist, daß man seine Aufmerksamkeit automatisch auf sie und nicht auf den alten »Affengeist« richtet. Deshalb habe ich weiter oben erwähnt, daß ich in meinen Meditationen nur noch wie eine zufriedene Katze schnurre. Sonst nichts – nur schnurren. Das ist so wunderbar, daß ich endlos so weitermachen würde, wenn sich der Körper nicht irgendwann verkrampfen würde.

Erwähnenswert ist hier auch noch das Phänomen, daß der innere Satsang in der vierten Dimension praktisch die ganze Zeit ununterbrochen weitergeht. Wenn der Wechsel einmal eingetreten ist, bringt einen der innere Quell der Weisheit immer weiter im Erlösungsprozeß voran. Dies ist sehr interessant – niemals dasselbe – nie langweilig. Da wir für unser Funktionieren in der dritten Dimension Worte benutzen, bleiben diese auch in der vierten erhalten, sind dort aber mehr intuitiver Natur als gesprochen. Die QUELLE, das SELBST, JEMAND dort drin weist ständig darauf hin, daß das, was wie grausames oder rücksichtsloses Verhalten aussehen mag, durchaus nicht das ist, was es zu sein scheint. Der innere Satsang fließt mühelos, direkt auf den Punkt gebracht und immer mit viel Humor.

Das soll aber nicht heißen, daß ich mit hehren Gedanken über Gott oder die Tugend oder den selbstlosen Dienst an der Menschheit herumlaufe bzw. mit Gedanken, die auch nur im entferntesten denen ähneln, die wir den »sogenannten Heiligen« als Freizeitbeschäftigung zuschreiben. Nein, da ist nur eine tiefe Dankbarkeit für diese neue Freiheit, eine umfassende Wertschätzung für die Schönheiten der Natur und der Kunst wie z.B. der klassischen Musik, immerwährender, wunderbarer und heiterer Satsang in bezug auf alles, was ich gerade erfahre. Dieses überwältigende Gefühl der GEGENWART geht mit einer gewissen Nonchalance im Leben in der vierten einher. Ich habe in meinem Leben noch nie so herzhaft und so viel gelacht wie jetzt. Alles ist so lustig! Nichts ist so ernst oder so heilig, daß man nicht darüber lachen könnte. Jetzt weiß ich, daß die Quintessenz der QUELLE für diesen speziellen Körper/Geist-Organismus wahrscheinlich nicht Liebe oder Mitgefühl ist, sondern ein unendlicher Sinn für Humor, der eine köstliche Komödie in all ihren Projektionen erschafft, sieht und fühlt. Weshalb hätten die Alten das Wirken der QUELLE in Erscheinung sonst als das Lila bzw. die Göttliche Komödie bezeichnet?

Sehr oft fühle ich mich wie Alice im Wunderland, wenn ich in einer fremden, neuen Umgebung herumlaufe und mich ein innerer Führer mit Namen Satsang auf die Schönheit und den Humor in jeder Situation hinweist. Es ist aber auch so, als würde ich durch ein geschmackvolles Museum feiner, lebendiger Kunst gehen, wo man manchmal neugierig und gleichzeitig von der betrachteten Schönheit und Vielfalt gerührt ist, aber nie auch nur ein einziges Detail verändern oder neu ordnen möchte. Man erfährt auf intuitiver Ebene mehr und mehr, daß alles vollkommen ist, genau so wie es hier und jetzt ist.

Frühere Verlockungen

Dieser Teil könnte Ihnen tatsächlich Angst machen, wenn Sie noch in der dritten Dimension leben, aber ich muß ehrlich sein und Ihnen offen alles sagen. Als ich in die vierte gewechselt hatte, kam mir nicht eine einzige Sache aus der dritten in den Sinn, die mich so wie vorher gereizt hätte. Hier eine unvollständige Liste: Segelboote, Flugzeug, Autos, Erwachsenenspielzeuge, alle Wettkampfsportarten, viel Geld verdienen, mit jeder Art von Beziehung herumspielen – ausgenommen die HEILIGE BEZIEHUNG, wie ich sie nenne –, Kino, Fernsehen, alle Bücher, alles, was über die Geschichte der 3-D-Geschichte so spricht, als wäre sie real, oder jede Art von Erfolg. Kurz, alles, was die konventionelle Weisheit denen in der dritten Dimension als lohnendes, würdiges und anzustrebendes Ziel vor Augen hält, hat sich zusammen mit der Ego-Persönlichkeit aufgelöst.

Ihnen ist sicher aufgefallen, daß eines in dieser Liste früherer Verlockungen fehlt: sexuelle Aktivität. Das war schließlich eine meiner Triebkräfte in der dritten Dimension. Bis zum 26. Lebensjahr hielt ich wegen der Priesterschaft das Keuschheitsgelübde ein und verließ das Kloster als Jungfrau. In den folgenden 26 Jahren tat ich alles mir Mögliche, um diese »verlorene Zeit« nachzuholen. Ich genoß so viel Sex, daß es fast schon an Zwanghaftigkeit und Besessenheit grenzte. Der Wechsel ist passiert! Was jetzt?

Nun ja, ich bin wieder im Zölibatsmodus, diesmal allerdings aufgrund der Einschränkungen durch das Gefängnisleben. Aber sexuelle Freude gehört immer noch zu meinen Prädispositionen, und was passiert, ist folgendes. Unter der Allgemeinbevölkerung im Gefängnis ist Sex Thema Nr. 1, d.h. das interessanteste und das, worüber am meisten geredet wird. Was am System am meisten kritisiert wird, ist der Mangel an Möglichkeiten für Sex, und das facht ein Verlangen an, das genauso brennt wie das Verlangen nach Freiheit vom Eingesperrtsein. Bei mir verschwand die Vorstellung von Sex als Bedürfnis zusammen mit der Auflösung der Ego-Persönlichkeit, zusammen mit all den anderen Wünschen und Vorlieben. Ich bin jetzt wieder offen für Sex innerhalb einer heiligen Beziehung, wenn ich dieses Gefängnis bzw. diesen Ashram verlasse. Aber als Priorität fühlt er sich nur so dringend an wie Haareschneiden und das bei meinem fast kahlen Kopf! Wenn es also ein gutes Beispiel für die Radikalität des Wechsels in die vierte Dimension gibt, dann dürfte es meine eigene Freiheit von dieser 26 Jahre andauernden Sucht nach Sex sein.

Aber die vierte hinterläßt nach dem Wechsel kein Vakuum. Anstelle dieses ganzen, für das SELBST nur äußerlichen Zeugs fühle ich, wie mein von Augenblick zu Augenblick neues Angezogenwerden und meine totale Fülle vom überwältigenden Gewahrsein der GEGENWART durchdrungen sind. Ich muß sie mir nicht heranholen. Sie ist immer und mühelos für mich da. Ohne daß ich überhaupt daran denke, bin ich bis zum Überfließen von ihrer Glückseligkeit und Freiheit erfüllt. Sie brauchen keins Ihrer Spielzeuge aus der dritten Dimension aufzugeben, sie verschwinden einfach in der Bedeutungslosigkeit. Und wie könnte man dieses Gefühl der GEGENWART besser erfahren als durch ein einfaches, gewöhnliches Leben? Alles, was mit Ruhm, Erfolg oder Macht oder den Normen der konventionellen Weisheit verbunden ist, würde einen nur vom vollständigen Genießen dieses Gefühls der GEGENWART ablenken. Dies ist eine der Erklärungen, die Ihnen einleuchten, wenn Sie den Wechsel schon vollzogen haben, aber wenn das noch nicht der Fall ist, weiß ich, daß diese Erklärung nur sehr beschränkt die Macht zum Ausdruck bringt, mit der diese GEGENWART einen vollkommen erfüllt. Aber folgendes kann ich Ihnen mit Verläßlichkeit und Sicherheit sagen: Es gibt nichts, was Sie aus der dritten brauchen, verlangen oder benötigen, das direkt mit Ihrer Freiheit, Freude oder Ihrem Frieden in der vierten verbunden wäre. Es ist eine in sich geschlossene Wirklichkeit, die nicht auf der Illusion der Trennung basiert. Je mehr Schichten Sie von der Zwiebel der alten Konditionierung aus der dritten Dimension abziehen, desto mehr erfreuen Sie sich mit zunehmender Vertrautheit der vierten. In der dritten erzeugt Vertrautheit Verachtung oder zumindest Langeweile. Aber in der vierten steigert sich das Abenteuer mit der Klarheit und dem Verständnis der Erlösung nur noch mehr.

Die Gleichung von Freiheit und Begrenzung

Und wie steht's mit meiner ausgefeilten Theorie von der Gleichung von Freiheit und Begrenzung bei allem im Leben? Inwieweit gilt sie für die vierte? Begrenzung ist ja nur möglich, wenn es eine Ego-Persönlichkeit gibt, die sie über Widerstand fühlt. Das bedeutet also, daß diese Gleichung nur auf die dritte Dimension beschränkt ist. Die vierte ist immer nur reine und totale Freiheit. Da die Auflösung der Ego-Persönlichkeit eine Voraussetzung für die vierte ist, gibt es niemanden mehr zu Hause, der die Begrenzung noch spüren könnte. Es gibt nur einen Bewohner der vierten Dimension – die QUELLE als das SELBST. Keine Trennung mehr zwischen Ich und QUELLE. Nur ICH BIN DAS!

Gebote und Verbote für die vierte Dimension

Es gibt keine! Gebote und Verbote gelten für Religionen in der dritten Dimension. Sie passen einfach nicht in die vierte. Zum einen haben alle, die in die vierte wechseln, *Harmlosigkeit* als gemeinsamen Nenner. Wenn dies erst einmal als *Modus operandi* etabliert ist, können Sie tun und lassen, was Sie wollen. An diesem Punkt ist alles dasselbe, alles ist die QUELLE, Sie können nichts vermasseln! Jeder individuelle Körper/Geist-Organismus ist einzigartig und hat unterschiedliche Prädispositionen, aber Harmlosigkeit ist der allen gemeinsame grundlegende Persönlichkeitszug, der alle Prädispositionen transzendiert. Früher war es so, daß ein Weiser zur vierten Dimension durchbrach, und schon bald wollte eine Jüngerschaft von Schülern wissen, wie er das geschafft hatte und wie man den Zustand aufrechterhält. Also ging er daran, seinen einzigartigen, speziellen Schicksalsweg zu analysieren und stellte eine Menge Gebote auf, die von moralistischen bis hin zu Ernährungsvorschriften reichten. Meiner Erfahrung der vierten nach ist sie ein Energiefeld von totaler, absoluter Freiheit in jedem einzelnen Bereich, und mit Harmlosigkeit als der einzigen Richtschnur setzt du deinen Tanz fort, als QUELLE, als unverwechselbare Erfahrung ihrer eigenen Art. Spirituelle Techniken gehören in die dritte. Sie werden in der vierten alle transzendiert.

Sobald Sie den Wechsel vollzogen haben, erkennen Sie, daß andere in der dritten oder der vierten ihre eigene heilige Wahrheit in sich tragen, die wiederum zu deren eigenen heiligen Handlungen führt. Sie nehmen das an, und somit scheint das Aufstellen von Ge- und Verboten für sie Ihre Akzeptanz sämtlicher Realitäten als der QUELLE in Erscheinung zu verletzen. Sie lassen alle Fragen in bezug auf die dritte Dimension hinter sich, besonders das »WARUM?«. Damit haben Sie natürlich auch alle Antworten, wenn Sie keine Fragen mehr stellen. Während des Satsang habe ich manchmal ein komisches Gefühl, wenn ich versuche, eine Frage aus der dritten Dimension zu beantworten, weil mein Verstand nicht mehr so denkt. Ich habe meinen Verstand in der dritten zurückgelassen genauso wie meine Sorge um die Zukunft, meine Schuldgefühle bezüglich der Vergangenheit und all die Ängste und Süchte, die mich vom Genießen des Hier und Jetzt abgelenkt haben.

Es gibt noch einen anderen gemeinsamen Nenner im Gebiet, das man nur als »Losgelöstsein« von den Ergebnissen seiner Handlungen bezeichnen kann. Das ist auch nichts, was man sich durch Bemühung erarbeiten kann. Es stellt sich ganz natürlich beim Wechsel ein. Ich kann das am besten an einem aktuellen Beispiel erklären. Seit jetzt 17 Jahren besitzen und betreiben Pauline und ich ein abgelegenes Hotel am Strand von Tulum in Mexiko. Im Laufe der Jahre haben es drei Orkane dem Erdboden gleichgemacht, ganz zu schweigen von den alltäglichen Intrigen und der Korruption, die mit Geschäften in Mexiko verbunden sind. Aber wir lieben den Ort. Es ist schon immer ein Haus für hochenergetische Ruhephasen und weniger ein normales Hotel gewesen. Vor dem Wechsel hatte ich mich mehr als 10 Jahre lang selbst um das Hotel gekümmert, und ich erinnere mich wirklich noch gut, wie sich mir alles zusammenzog, so als würde mir jemand ein Messer in den Bauch stoßen, wenn ich mich mit den Intrigen auseinandersetzen mußte. Wenn also jetzt Pauline mit dem Rücken zur Wand steht und nach dem Hurricane Roxanne im letzten Herbst allein auf sich gestellt alles wieder neu aufbauen muß, fragt sie mich: »Wie erhält man unter diesen Umständen eine Haltung des 'Nichthandelns' aufrecht?« Meine Antwort ist einfach, aber gefährlich. Mit dem Wechsel stellen sich Frieden und Losgelöstheit bezüglich der Ergebnisse der eigenen Handlungen ein, egal was auch passiert. Im schlimmsten Fall ist man durchaus bereit, alles zu verlieren, wenn dies so sein sollte. Ich kann verstehen, daß sie mit dieser Haltung Schwierigkeiten hat, aber wenn man einmal in der vierten Dimension lebt, spielt es keine Rolle mehr, ob man gewinnt oder verliert; es ist alles dasselbe.

Bedeutet das, daß es keine Rolle spielt, wenn die 17 Jahre harter Arbeit, eine Million Dollar für den wiederholten Wiederaufbau und das zukünftige Erbe deiner Tochter im Eimer sind? Ja, so merkwürdig wie das klingen mag, aber es stimmt! Dein Frieden, deine Freude und Freiheit hängen nicht mehr von irgendwelchen äußeren Faktoren ab. Ich nehme mal an, das bedeutet, daß sie mich nicht mehr darum bitten wird, es weiter zu leiten. Dabei könnte das Leiten eines Geschäfts mit der Haltung völligen Losgelöstseins durchaus die effizienteste Methode sein. Aber diese Welt hat für mich jetzt ihre Attraktivität verloren, und ich bezweifle, daß ich dorthin zurückkehre.

Ich kann hier noch ein einzigartiges Charakteristikum der vierten Dimension anführen, das einem vielleicht niemals zuteil wird, bevor der Wechsel stattfindet. Wenn sich sämtlicher Widerstand in das, was ist, wie es ist, aufgelöst hat und man nur noch im Bewußtsein der Wahlunmöglichkeit lebt, erfährt man auf einmal ganz neu, was es heißt, total im Augenblick zu sein. Das ist nicht leicht zu erklären, aber ich fühle mich jetzt ständig so lebendig und voller Ehrfurcht und Bewunderung für die ganz gewöhnlichen Ereignisse des Lebens. Es sind dieselben gewöhnlichen Dinge, die mich früher verrückt machten, weil sie mich entweder langweilten oder irritierten. Ich bin überzeugt davon, daß mein früherer Widerstand gegen das Leben in seinem natürlichen Ablauf und die Tatsache, daß ich es niemals Augenblick für Augenblick richtig annehmen konnte, die Haupthindernisse für diesen neuen Zustand waren, diesen Zustand pulsierender Lebendigkeit, in dem es summt und schimmert.

Beweis der vierten Dimension

Die meistgestellte Frage über die vierte lautet: »Aber können Sie mir beweisen, daß die vierte genauso real ist wie Sie sagen?« Ja, weil ich mir genau dieselbe Frage immer wieder stellte, als sich der Wechsel vollzog. Angenommen, wir würden über körperliches Wachstum sprechen, und ich sage, ich bin durch meine Experimente dreißig Zentimeter größer geworden, und zwar dadurch, daß ich jeden Tag eine Stunde auf dem Kopf stehe und mit Erdnußbutter gurgele. Als Beweis dient mir ein Vorher-Nacher-Foto, so daß Sie mir wahrscheinlich glauben würden.

Wir sprechen hier aber vom Wechsel aus der dritten in die vierte Dimension. Das ist ohne Zweifel nicht so leicht zu beweisen. Ich kann Ihnen nur sagen, daß dieser Wechsel bei mir eingetreten ist. Es war ein Geschehen der GNADE und des SCHICKSALS. Es passiert ganz sicher zur Zeit bei vielen anderen. Wenn Sie mich vor dem Wechsel gekannt hätten, könnten Sie sagen, mein Leben in der dritten entsprach der üblichen Gleichung von Freiheit und Begrenzung, auch wenn ich die Begrenzung viel stärker gefühlt habe als die Freiheit. Sie würden jetzt auch einen enormen Unterschied an mir feststellen. Ich brenne geradezu vor Freude und Freiheit. Nicht nur beim Satsang, wenn ich meine Aufregung kaum zurückhalten kann, sondern ständig. Die Begrenzung ist aufgehoben, und Freiheit ist jetzt meine Hauptlebenserfahrung. Das wäre für Sie ganz selbstverständlich, wenn wir gemeinsam Satsang halten würden.

Und noch erstaunlicher ist es für mich, daß dies auch bei anderen Teilnehmern meiner Satsang-Gruppen passiert. Selbst Menschen, die ich nicht kenne und die dieses Manuskript vor der Veröffentlichung gelesen haben, schreiben mir, daß sich derselbe Wechsel bei ihnen vollzieht.

Aber das Erstaunlichste dabei ist, daß ein sanftes Anstoßen mit einer Feder ausreicht, um sie in die vierte Dimension zu katapultieren, während in der Vergangenheit wiederholte Schläge mit einem Vorschlaghammer nötig waren. Das trifft besonders in meinem Fall zu. Der schmerzhafte Tod des Ego, wie ich ihn beschrieben habe, scheint für diejenigen in meinen Satsang-Gruppen und die, mit denen ich in Korrespondenz stehe, durch einen sanfteren, schnelleren Übergang ersetzt worden zu sein. Für viele war das bloße Lesen meiner Aufzeichnungen eine Bestätigung für ihre eigenen Erfahrungen, und sie haben Tränen der Freude und Erkenntnis geweint. Das Ermutigende an ihren Berichten vom Erwachen ist, daß sie im Gegensatz zu mir nicht durch eine so radikale bzw. extreme Krise gehen mußten, um den Weckruf und den Wechsel in die vierte Dimension auszulösen.

Weiter vorn im Buch habe ich eine rhetorische Frage gestellt: Leiten wir ein neues Zeitalter der Freiheit ein, das die Begrenzungen des menschlichen Dilemmas überwindet? Es scheint so, als stünden wir direkt an der Schwelle dazu. Also, ganz wie die Verfasser des Neuen Testaments, die ihre Bücher als »Evangelium« bezeichneten, was übersetzt »frohe Botschaft« heißt, beende ich diese Aufzeichnungen, indem ich Ihnen noch eine gute Nachricht mitteile. Das New Age der Freiheit kündigt sich uns als die vierte Dimension an. Aber denken Sie an folgendes: Es erfordert kein Tun mehr! Es geht nur um Verstehen! Erfreuen Sie sich Ihrer neuen Freiheit!

Lernen Sie Satyam Nadeen persönlich kennen!

Nadeens Seminare sind für die TeilnehmerInnen ein unvergleichlich gewinnbringendes Erlebnis und bedeuten einen entscheidenden Schritt in ihrer Entwicklung.
Davon haben wir uns im vergangenen Jahr in Costa Rica überzeugen können. Seine Seminare, die er in Mittel- und Nordamerika anbietet, sind auf Monate hinaus ausgebucht.
Voraussetzung zur Teilnahme sollte ein gründliches Studium seines Buches sein.

Gerne sende wir Ihnen
aktuelle Informationen zu.

Uta Bodewig • Joachim Kamphausen
Verleger
Postfach 100850 • D-33508 Bielefeld

Satyam Nadeen kommt im Oktober zu 2 Wochenend-seminaren und einem 6 Tage Intensiv-Seminar nach Deutschland (Hamburg und München)
und
lädt Sie als seine(n) LeserIn in seinen traumhaft schön gelegenen „Garten Eden“ Pura Vida (Pures Leben) nach Costa Rica ein. Dort findet Mitte November ein Intensiv-Seminar statt – mit der Möglichkeit, eine oder zwei Costa Rica Erlebniswoche(n) anzuschließen.

42 | DIE WEISHEIT LAOTSES

Da ich jetzt alle meine Geheimnisse und Einsichten über unsere Reise durch dieses menschliche Dilemma preisgegeben habe, möchten Sie vielleicht auch am Satsang Laotses und seinem kleinen Band mit Versen, dem Tao-te-king, teilhaben. Wenn ich sagen sollte, was für mich das weiseste Buch ist, das jemals geschrieben wurde, dann würde meine Wahl auf Laotse wegen seines Verständnisses von dem, was er das Tao nennt, fallen. Sie könnten *Tao* ohne weiteres in diesem Buch anstelle von *QUELLE* einsetzen. Bitte bedenken Sie, daß er das *Tao-te-king* lange vor der Zeit schreib, als Christus, Buddha oder Mohammed überhaupt die Welt der Erscheinungen betreten hatten und ihre Worte zu Schriften geworden waren. Sehen Sie Ähnlichkeiten zwischen unseren Erfahrungen?
Hier ist meine Interpretation von Laotses Worten:
In Vers 56 sagt er: Die, die wissen, sprechen nicht darüber.
Die, die sprechen, wissen nichts darüber.

Anders formuliert, wie drückt man mit Worten etwas aus, das nicht beschrieben werden kann, wenn man über ein Thema wie die QUELLE spricht? Ich habe keine kluge Antwort für Sie darauf, aber hören Sie, was Po Chui, einer seiner Fans, selbst Dichter und offenbar Komiker, schrieb:

Wer spricht, weiß nicht.
Wer weiß, spricht nicht.
Das ist die Aussage von Laotse
in einem Buch von 5000 Wörtern.
Wenn er der Wissende ist,
wie kann er dann so ein Plappermaul sein? [24]

Meine Antwort darauf lautet: Wenn man von der GEGENWART der QUELLE erfüllt ist, kann man nichts weiter tun als zu beschreiben versuchen, wie sich das anfühlt, und hoffen, daß die GNADE die Schwäche der Worte durch das Verstehen jenseits dieser Worte überbrückt.

Vers 2 | Der Weise lebt in der Welt des Nichttuns.
Er läßt die Dinge geschehen, setzt sie aber nicht in Gang.
Er handelt, aber ohne zu mutmaßen.
Er beendet sein Werk,
aber ohne sich damit aufzuhalten.

Vers 3 | Der Weise führt, indem er ihre Köpfe aushöhlt, aber ihre Herzen füllt.
Er schwächt ihren Ehrgeiz und stärkt ihre Entschlossenheit.
Er hilft den Menschen, ihr Wissen und ihre Wünsche zu verlieren.
Er bewirkt Verwirrung in jenen, die zu wissen glauben.

Vers 5 | Das Tao kann nicht Partei ergreifen.
Es ist die Quelle von Gut und Böse.

Für mich klingt das, als ob er sagen würde: Es gibt nur BEWUSSTSEIN.

Vers 8 | Gerade weil man damit zufrieden ist, einfach nur zu sein und nicht wettzueifern oder zu vergleichen, gibt es keinen Makel und keine Schuld.

Vers 9 | Jage nach Gold und Sicherheit,
so wirst du sie nie bewahren können.
Wenn Reichtum und Ehre dich arrogant machen, wirst du ihr Gefangener sein.

Vers 10 | Kannst du mit den wichtigen Lebensdingen umgehen, indem du sie einfach ihrer Entfaltung folgen läßt?
Indem du Abstand hältst von deinem eigenen Geist, fängst du an, alle Dinge zu verstehen.

Vers 12 | Gedanken schwächen den Geist.
Wünsche schwächen das Herz.
So kann der Weise die Welt beobachten, vertraut dabei aber seinem eigenen inneren Weisheitsquell.

Vers 13 und 14 fassen meinen Weckruf und die darauf folgende Erlösung zusammen:

Vers 13 | Betrachte einfach die Welt als dich selbst.
Nimm die Dinge, wie sie sind.

Vers 14 | Wenn du weißt, woher du kommst,
Dann kennst du die Essenz aller Weisheit.

Vers 15 | Wenn du die Geduld hast zu warten,
wird das trübe Wasser langsam klar.
Wenn du im Nichttun verharren kannst, entsteht die vollkommene Handlung ganz von selbst.

Vers 16 | Die Wesen treten hervor in großer Zahl,
aber jedes kehrt zur gemeinsamen Quelle zurück.
Die Quelle nicht zu kennen bedeutet, verwirrt durchs Leben zu stolpern.

Die Quelle zu kennen bedeutet, erleuchtet zu sein.
Wenn du weißt, woher du kommst, bist du natürlicherweise allein und unparteiisch.
Wenn du dich in die Sicherheit der Quelle fallen läßt, wirst du mit dem, was das Leben dir bringt, fertig, und bis ans Ende deiner Tage wirst du keine Verwirrung erleiden.

Vers 23 | Ergib dich dem Tao und sei eins mit der Quelle.
Nimm deine natürlichen Reaktionen an und sieh, wie alles seinen Platz findet.

Vers 28 | Akzeptiere die Welt, wie sie ist.
Wenn du das tust, wird das Tao in dir aufleuchten und du wirst zu deinem Urselbst zurückkehren.

Vers 29 | Bei denjenigen, die die Welt verbessern wollen,
Sehe ich, daß sie nichts erreichen können.
Denn die Welt ist bereits ein heiliges Gefäß,
nicht etwas, auf das man einwirken kann.
Wenn du versuchst, darauf einzuwirken, wirst du sie zerstören.
Wenn du versuchst, dich daran zu klammern, wirst du sie verlieren.
Der Weise nimmt die Dinge genau so, wie sie sind.
Aus diesem Grunde vermeidet er Extreme, Exzesse und Extravaganzen.

Vers 30 | Der Weise vollendet seine Arbeit, und das ist alles.
Er begreift, die Ereignisse liegen immer außerhalb seiner Kontrolle, und Versuche, sie zu manipulieren, stehen im Widerspruch zum Tao.
Er erzielt sein Ergebnis, ist aber nicht stolz.
Er erfüllt seinen Zweck, prahlt aber nicht.
Er vollendet seine Handlungen nur, weil er keine andere Wahl hat.

Vers 35 | Wer im Tao zentriert ist, kann in großer Sicherheit durchs Leben gehen.
Selbst inmitten weitverbreiteten Leids sieht der

Weise nur die unergründliche Harmonie der Quelle und fühlt so inneren Frieden.

Dies ist das Geheimnis im Umgang mit dem Schmerz und dem Leid, die mit dem menschlichen Dilemma einhergehen.

Vers 37 | Alle Dinge regeln sich für den, der im Sinne des Tao nicht handelt.
Wenn die Herrscher diese Haltung bewahren könnten, würden sich alle Dinge von selbst transformieren.
Nach der Transformation wären sie zufrieden in namenloser Einfachheit und wunschlos.
Wo es keine Wünsche gibt,
Sind Himmel und Erde von selbst richtig.

Vers 38 | Der Weise stellt keine eigenen Bemühungen an.
Er weilt in fruchtvoller Wirklichkeit und nicht in blumiger Illusion.

Vers 41 | Wenn höhere Menschen das Tao entdekken, praktizieren sie es mit Fleiß.
Wenn durchschnittliche Menschen das Tao hören, behalten sie einige Dinge und verlieren andere.
Wenn niedere Menschen das Tao hören, können sie es nur laut verlachen.
Denn wenn sie nicht lachten, könnte es nicht als das Tao angesehen werden.

Vers 42 | Der Durchschnittsmensch erträgt es nicht, allein zu sein.
Aber der Weise nutzt sein Alleinsein und erkennt dadurch seine EINHEIT mit allem, was ist.

Vers 44 | Erkenne Zufriedenheit in dem, wie die Dinge sind, so wirst du nie erniedrigt werden. Erkenne Befriedigung in dem, was du hast, so wirst du lange bestehen.

Vers 48 | Diejenigen, die sich dem Wissenserwerb widmen, mehren täglich Ergebnisse.
Diejenigen, die das Tao gehört haben, lassen täglich etwas fallen.
(Sie schälen die Zwiebel.)
Sie nehmen solange ab, bis sie am Punkt des Nichts tuns ankommen.
Indem sie nichts tun, bleibt nichts ungetan.

Vers 52 | Öffne die Tore des Geistes für Bewertungen,
Misch dich in Angelegenheiten, so wird dein ganzes Leben sorgenvoll.
Verschließe die Tore vor dem Verlangen, so wirst du dein Leben lang nicht leiden.
Zu wissen, wie man in Sanftheit nachgibt, wird Stärke genannt.

Vers 55 | Der Weise läßt alles kommen und gehen ohne Mühe oder Vorliebe.
Da er hinsichtlich der Ergebnisse keine Erwartungen hat, ist er bei ihrem Ausgang nie enttäuscht.

Vers 57 | Erlange den gesamten Himmel durch Nichteinmischen.
Sei unbeteiligt in Angelegenheiten und im Denken und beobachte, wie sich die Welt selbst kontrolliert.

Vers 59 | Wenn du keinen Bestimmungsort hast,
kennt niemand das Ende.
Dann kannst du das nutzen, was dir das Leben bringt.
Dies nennt man den Weg des langen Lebens und der dauernden Schau.

Vers 65 | Das einfachste Muster ist das klarste.
Zufrieden mit einem gewöhnlichen Leben kannst du den Menschen den Weg zurück zu ihrem wahren Wesen zeigen.

Und so kann ich mit diesen Worten Laotses als Bekräftigung einer Haltung des »Nichthandelns« mein eigenes Verständnis des Tao zusammenfassen:

Es gibt nur das Tao.
Du bist nicht der Handelnde.
Du kannst alles so annehmen – wie es ist
als QUELLE in der Vielheit.
Du könntest auch genauso gut einfach »JA« sagen zu diesem ganzen Tanz des Lila.

ANMERKUNGEN

1 Das System der Körperübungen, der sog. Asanas, die das Einswerden des Menschen mit Gott fördern
2 Gefängnisjargon für 24 Stunden am Tag/7 Tage die Woche
3 Nichtzweiheit, die Lehre, die besagt, daß nur die QUELLE – das Absolute – das höchste Prinzip existiert und daß die gesamte Welt der Erscheinungen eine Illusion ist
4 Spiel, Vergnügung, das göttliche Spiel der QUELLE
5 Wörtlich: Sein, Erkenntnis oder Bewußtsein, Glückseligkeit
6 Eine hinduistische Schrift, die grundlegenden Anweisungen für ein spirituelles Leben, wie sie von Krishna, dem höchsten Gott, seinem Schüler Arjuna mitgeteilt wurden
7 Die illusionäre Macht der QUELLE; die Verhüllung und Projektion des Universums; die illusionäre Welt
8 Dabei legt man normalerweise die Hände wie beim Gebet zusammen, verbeugt sich leicht und berührt mit den Fingerspitzen die Stirn.
9 Handlung im Sinne von Ursache und Wirkung.
10 Äußerung der Wahrheit. Umgang mit den Weisen (sat = Wahrheit, sang = Gemeinschaft)
11 Eine Sitzhaltung bei der Meditation, bei der man mit offenen Augen auf einem Kissen sitzt und nicht den Gedanken nachgeht, sondern sie nur beobachtet
12 Energiezentren an verschiedenen Stellen im Körper
13 Lehrer, Meister
14 Ein erleuchteter Weiser, ein ehrwürdiger Meister
15 Ein Paradox, über das man meditiert; es wird in der Ausbildung von Zen-Mönchen eingesetzt, damit sie von der Vernunft unabhängig werden und Erleuchtung erlangen
16 Einsiedelei; religiöse Stätte des Rückzugs
17 Direkte Einsicht in das wahre Wesen der Wirklichkeit
18 Gelöbnis der Entsagung
19 Jemand, der Sanyas genommen und alle weltlichen Dinge hinter sich gelassen hat

20 Ein Zustand vollkommenen Friedens, vollkommener Freude und vollkommener Freiheit. Der höchste Glückszustand, der gemäß dem Buddhismus dann eintritt, wenn jegliche Leidenschaft sowie Haß und Verblendung vergangen sind und die Seele von der Notwendigkeit weiterer Reinigung befreit ist

21 Göttliche Inkarnationen

22 Ein scheußlicher Ort, an dem Insassen von Gefängniswärtern zur Einzelhaft untergebracht werden

23 Star, J. und S.Shiva (Hrsg.), Garden beyond Paradise: The Mystical Poetry of Rumi. Bantam Books, New York 1992

24 Nach S. Mitchell (Übers.): Tao Te Ching, New York, Harper Perennial 1991, S. 85

Titel der Originalausgabe:
From Onions to Pearls

Deutsche Ausgabe – 1. Auflage 1998

Postfach 10 08 50, D-33508 Bielefeld
Tel. 0521 / 6 71 79 Fax 0521 / 6 87 71

Übersetzung
Jürgen Dünnebier

Lektorat
Hinrich Schaer

Typographie, Satz & Herstellung
Schack Verlagsherstellung, Dortmund

Umschlaggestaltung
Klei & Trümper

Druck & Verarbeitung
Kösel, Kempten

Die Deutsche Bibliothek – CIP-Einheitsaufnahme

Nadeen, Satyam:
Von der Zwiebel zur Perle : Ein Weckruf / Satyam Nadeen.
[Übers. Jürgen Dünnebier]. - 1. Aufl. - Bielefeld :
Bodewig & Kamphausen, 1998
Einheitssacht.: From onions to pearls <dt.>

ISBN 3-926257-35-0